ちくま学芸文庫

人知原理論

ジョージ・バークリー
宮武 昭 訳

筑摩書房

A

TREATISE

Concerning the

PRINCIPLES

OF

Human Knowlege.

PART I.

Wherein the chief Cauſes of Error and Difficulty in the *Sciences*, with the Grounds of *Scepticiſm*, *Atheiſm*, and *Irreligion*, are inquir'd into.

By *George Berkeley*, M. A. Fellow of *Trinity-College*, *Dublin*.

DUBLIN:

Printed by AARON RHAMES, for JEREMY PEPYAT, Bookſeller in *Skinner-Row*, 1710.

人間的知識の原理にかんする論考

第一部

この論考においては、懐疑主義、無神論そして反宗教の根拠とともに、諸学における誤謬と困難の主要な原因が探求される。

1710年

著者　ジョージ・バークリー
トリニティー・カレッジ（ダブリン）文学修士・特別研究員

発行所　ジェレミー・ペピャト書店
ダブリン・スキナー通り
印刷所　アーロン・レイムズ

＊この表紙は、Kulenkampff（S.LI）にその写真版が掲載されている初版に依拠し、邦訳での配列や表記は現代日本の奥付にならっている。なお、注46で後述するように、第二版以降では「第一部」の文字が削除された。

目次

詳細目次

＊本書の原文には「序論」と「第一部」の区別があるだけで、通し番号のみが付された短い節で全文が構成されているので、全体を俯瞰しづらくなっている。そこで、凡例の略記号表に記しておいた各版の編者は、精粗の差はあれ、それぞれ章分けを施した上で詳細目次を掲載している。本訳書でも読者の便宜を考え、それらの編者たちの提案を参看しながら、以下の詳細目次を付すことにした。（　）内の漢数字は節番号である。

序論

第一部

凡例

一　本書は George Berkeley, *A Treatise concerning the Principles of Human Knowledge* の全訳である。

二　底本は *The Works of George Berkeley, Bishop of Cloyne*, edited by A.A. Luce and T.E. Jessop, vol.2, 1949 である。この全集は一七三四年の第二版を収録している。一七一〇年の初版との相違については、重要と思われるものだけを注記した。また、各版の異同についても同様である。

三　本書では「序論」と「第一部」で同じ節番号がふられているので、両者を区別するために、「序論」の節番号の前には「序論」と付した。

四　原注は第八二節に一箇所あるだけで、それは本文中に組み込んだ。それ以外の注はすべて訳注である。少なくとも訳者から見て、バークリーの文章は精粗の落差が大きい。したがって、現代日本のとくに若い読者にとって時代背景等の解説が必要と思われる箇所、そして、とりわけ文系の読者には不案内と思われる自然学や数学関係の箇所にはかなり詳細な注を付しておいた。読者によっては煩雑と映るかもしれないが、とくに理系の注は訳者の理解力に合わせての処置である。

五　原文の（　）はそのまま用い、引用符は「　」で表記した。このほかに、発言内容（ドイツ語なら間接話法の用法）であることを明確にするためにも「　」を適宜使用した。また、ひとまとまりの語句であることを明示するために〈　〉で括り、さらに必要と思われる場合には煩をいとわず原語を挿入した。文意を明確にするために原文にはないダッシュを挿入したり、段落の区切りを入れたところもある。〔　〕は訳者の補いである。

六　イタリック体のすべてを傍点で表示したわけではない。強調ではなく、書名等の意味しかもたないこともあるからである。

七　聖書からの引用箇所表記は慣例に従い、訳文は日本聖書協会の一九五四、一九五五年改訳版によるが、文脈に応じて、またバークリーの書き方に準拠して、いくらか変更を加えた。なお、本文ならびに訳注で引用されている文献のうち、邦訳があるものはできるかぎり参照したものの、地の文との兼ね合いで訳文のすべてがそれらに従っているわけではない。邦訳頁数が明記されていない訳文は、ほぼそれに該当する。訳者諸氏に感謝するとともにご寛恕を乞う。

八　訳注で言及する底本以外の各版、各国語訳、注釈書、ならびに、本書以外に参照したバークリーの著作（『視覚新論』、『ハイラスとフィロナスの三つの対話』、『運動について』）とロックの『人間知性論』は以下の略記号で表記した。なお、現在入手不可能な古い書物もインターネットで、すなわち、Fraser なら gutenberg、Renouvier は gallica、そして Ueberweg は zeno で全文が閲覧可能である。

略記号表

Clarke: *A Treatise concerning the Principles of Human Knowledge*, in *Philosophical Writings*, ed. by D.M. Clarke, Cambridge Texts in the History of Philosophy, 2008.

D: *Three Dialogues between Hylas and Philonous* in *The Works of George Berkeley, Bishop of Cloyne*, edited by A.A. Luce and T.E. Jessop, vol.2, 1949.（『ハイラスとフィロナスの三つの対話』戸田剛文訳、岩波文庫、以下では『対話』と略記し、Dの後にこの底本の頁数を表記）

Dancy: *A Treatise concerning the Principles of Human Knowledge*, ed. by J. Dancy, Oxford Philosophical Texts, Oxford University Press, 1998.

DM: *De Motu*.（『運動について』、引用参照箇所は節番号で表記）

E: Locke, *An Essay concerning Human Understanding*.（『人間知性論』大槻春彦訳、岩波文庫、この著作からの引用等は邦訳書名を省いてEの後に巻章節をアラビア数字で表記）

Fraser: *A Treatise concerning the Principles of Human Knowledge*, in *The Works of George Berkeley*, edited by A.C. Fraser, vol.1, 1901, 2005.

G/S: Tyron Goldschmidt and Scott Stapleford, *Berkeley's* Principles: *expanded and explained*, Routledge, 2017. (bold font のテキストに regular font の explanation を挿入する斬新な手法の注釈書）

Kulenkampff: *Eine Abhandlung über die Prinzipien der menschlichen Erkenntnis*, übersetzt von Arend Kulenkampff, Felix Meiner, Philosophische Bibliothek 532, 2004.

NTV: *An Essay towards a New Theory of Vision.*（『視覚新論』下條・植村・一ノ瀬訳、勁草書房、引用参照箇所は節番号で表記）

大槻：バークリ『人知原理論』大槻春彦訳、岩波文庫。

PM: *A Treatise concerning the Principles of Human Knowledge*, in *Past Masters* (CD-ROM), a corrected version of the 1843 Wright edition.

Renouvier: *Les principes de la connaissance humaine*, traduction de Charles Renouvier, A. Colin, 1920.

Richmond: Alasdair Richmond, *Berkeley's* Principles of Human Knowledge*: a reader's guide*, Continuum, 2009.

Robinson: *Principles of Human Knowledge* and *Three Dialogues*, edited by H. Robinson, Oxford World's Classics, 1996, 1999.

Ueberweg: *Abhandlungen über die Principien der menschlichen Erkenntnis*, die erste deutsche Übersetzung durch Friedrich Ueberweg von 1869.

人知原理論

献辞[1]

ペンブルク他の領地伯爵
ガーター勲爵士団騎士
および女王陛下の枢密院議員[2]
トーマス閣下[3]へ

閣下

いまだお目にかかっていない無名の者がおこがましくもこのように閣下に呼びかけることには、さぞ不審の念をいだかれることと存じます。とはいえ、有益な知識と宗教を世に広めようとの企図をもって筆を執った者が閣下の庇護をお願いするのは、教会と学問の現況にまったく疎いわけではない人にとって、したがって、閣下がこれらのどちらにも多大の光彩を添え援助を惜しまないことを知らないわけではない人にとっては、奇異なことではないと思われます。しかしながら、閣下にこうした私の不調法な作品を進呈するよう促したのは、閣下の公明なお人柄、そして生来の善なるお人柄であります。さらには、閣下は私どもの学寮[4]に並々ならぬ温情と賜金をくだされたものですから、その成員の一人の研鑽をもお認めいただけるのではないかと愚考いたしました。こうしたことを勘案しました末に、そして、世人の誰もが称賛する閣下の学識と徳のゆえに私もまた閣下を衷心より尊敬していることを世に知らしめたいとの思いがあるだけになおのこと、足下にこの論考を献じようと思い定めた次第です。

恐惶謹言

ジョージ・バークリー

序文[5]

私がここに公刊するのは、長い慎重な探究の末になったものなので、私にとっては明らかに真であり、知っておいて無益ではないと思われた。懐疑主義[6]に悩まされている人びとにとって、あるいは、神の存在や非物質性の証明ないし魂の自然的不滅性の証明を望む人びとにとっては、なおのこと知るに値するだろう。はたしてそうであるかどうかは、読者に公平に吟味していただきたい。それというのも、私の書いたものが真理に合致するかぎりでのみ、その成功を期待できるからである。しかし、この成功[7]が危うくならないようにとの願いを込めて、読者にお願いしたいことがある。すなわち、主題にふさわしいと思われる程度の注意と思慮をもって少なくとも一度は全体を読み終わるまで、判断を差し控えていただきたい。なぜなら、全体から切り離されてしまえば、粗雑な誤解にさらされ、きわめて不合理な帰結を負わされかねない（あるいはまた、そうならざるをえない）箇所がいくつかあるものの、しかし、全体を通読してもらえば、そうした箇所からこのような帰結など出てこないと思われるからである。これと同様に、全体が通読されるべきであるにしても、この通読がいい加減なものであるなら、私の言いたいことはおそらく誤解されるだろうが、しかし、思慮深い読者にとっては、私の意図はきわめて明白で一目瞭然であろうと自負している。以下の考え方のいくつかが呼び起こすかもしれない新奇や特異という評価について言えば、これにかんする弁明は必要ないと思う。証明されうる真理を、「これまで聞いたことがない」とか「誰も考えたことがない」という理由だけで拒否する人は、きわめて無能であるか、あるいは学問に通じていないかのどちらかであるにちがいない。ある種の人たちは、何らかの意見をまだ正確に理解しないうちに糾弾するのに何のためらいも覚えない。こうした人たちの性急な弾劾はできるなら避けたいものであって、そのためには以上の前置きで十分であろう。

序論

一　哲学は賢慮と真理の研究にほかならないので、哲学に大半の時間と労力を費やした人びとが、他の人たちよりも大きな静謐と平静を享受し、はるかに明白で確実な知識をもち、そして疑いや困難に煩わされることが少ないと期待されるのも当然であろう。しかしながら、われわれが見るところ、それほどに煩わされることなく心静かでいられるのはほとんどの場合、学問とは無縁な一般大衆、すなわち平明な常識の大道を歩み、自然の導きに従う一般大衆のほうなのである。彼らにとって、自分たちに馴染み深いものは説明がつかないとか理解しがたいとは思えない。彼らは自分たちの感官に明証性が欠けていると不平をもらしはしないし、懐疑主義者になる危険もまったくない。しかし、われわれが感官と自然的傾向から離れてもっと高級な原理の光に従うやいなや、つまり事物（もの）(8)の本性について推論し瞑想し思索するやいなや、以前は完璧に理解していたと思えた事物にかんして、おびただしい逡巡がわれわれの精神にわき起こるようになる。いたるところで、感官の先入見や誤謬が目についてくる。そして、これらの先入見や誤謬を理性によって正そうとすると、われわれは知らず知らずのうちに無様な非常識、(9)困難そして矛盾に引き込まれ、思弁(10)を進めるほどにこれらの非常識等が積みかさなり重くのしかかってくる。ついには、多くの入り組んだ迷路を経廻ったあげく、われわれは元の出発点に立ち戻るか、あるいはもっと悪いことに、惨憺たる懐疑主義に腰を落ち着けることになる。

二　こうなるのは、事物が理解しがたいからだ、あるいは、われわれの理解力が本性上脆弱で不完全だからだ、と考えられている。この巷間の説(11)によると、われわれの手持ちの能力は僅少である。そして、これらの能力は実生活を維持し快適にするために自然によって設えられたのであって、事物の内的な本質や構造(12)に分け入るようにはできていない。さらに、人間の精神は有限であるから、無限に与かる事物を相手にするときには、不合理や矛盾に陥っても不思議なことではない。有限なものによっては理解されえないというのが無限なものの本性に属することであるからには、人間の精神がこれらの不合理や矛盾から逃れることは不可能である。

三　しかし、この欠陥をそもそもわれわれの能力のせいにして、われわれの能力の使い方が間違っているわけではないと考えるのは、あまりにも身勝手というものだろう。真の原理から正しく導きだされる諸帰結が支持されず互いに矛盾すると想定するのは難しい。神は人類を物惜しみせず遇してくれたのであって、まったく手の届かない知識を求めようとする強烈な欲求など与えはしなかった。こんな欲求がわれわれに授けられたと信じるのは、神の常に変わらぬ宏量大度なやり方にそぐわない。なぜなら、神が被造物にいかなる欲求を植えつけたにせよ、正しく使えばかならずこの欲求を満たすことができる手段をも神は与えてくれるのが常だからである。要するに、これまで哲学者たちを惑わし、知識への道を塞いできた困難の（すべてではないにしても）大部分は、まったくわれわれ自身のせいなのである。われわれはまず埃を立てておいて、それから「見えない」と文句を言う。

四　したがって私の目的は、哲学のさまざまの学派のなかにこれほどの疑いや不確実性を、あの不合理や矛盾のすべてを引き入れてきた原理を発見できるかどうか試してみることである。もっとも賢明な人たちでさえ、こうした不合理や矛盾を目にした結果、われわれの無知はわれわれの能力の本性上の怠惰と限界から出てくるのだと考えてしまったがゆえに、その無知は癒しがたいとみなしたのである。そして、人間的知識の第一原理を厳密に探求し、あらゆる側面にわたって精査し吟味するのは、間違いなく苦労しがいのある仕事である。その理由はとりわけ、真理を求める精神を抑えつけ混乱させる障害や困難は、対象が理解しがたく複雑であることや、われわれの理解力に本性上の欠陥があることに由来するのではなく、むしろ誤った原理から出てくるのであり、おまけにわれわれはこの原理を回避できたかもしれないのに、それにしがみついてきたのではなかろうか、と怪しむのも故なしとしないからである。

五 どれほど多くの偉大で非凡な人たちが同じ志をもって私よりも前に歩んでいたかを考えると、この試みはとてつもなく困難で絶望的に思えてくる。しかしながら、私に望みがないわけではない。なぜなら、もっとも広い視野をもつ人がいつももっとも明瞭に見るとはかぎらず、むしろ近眼の人は対象をもっと近くに引き寄せざるをえないのだから、近くから綿密に調べることによって、もっと視力のいい人が見逃してしまったものをひょっとしたら見分けることができる、と考えるからである。

六 以下で述べることを読者にもっと容易に理解してもらうために、言語の本性と誤用について[13]、序論というかたちでいくらか前置きしておくのが適切であろう。しかし、この問題を解明していくと、私の試みをある程度先取りすることになる。なぜなら、思弁をもつれさせ困惑させるのに大きな役割を果たし、知識のほとんどすべての部分において数え切れないほどの誤謬と困難を引き起こしてきたように思われるものに言及せざるをえないからである。そしてこの元凶とは、精神には事物の抽象的な(abstract)観念あるいは概念(idea or notion)を形成する力があるという意見である。哲学者たちの著作や議論にいくらかでも通じている人なら、それらの少なからざる部分が抽象的観念に費やされていることを認めざるをえないだろう。これらの観念はとくに、論理学と形而上学という名で通っている学問の対象、さらにはもっとも抽象的で高級な知識の名で知られている学問すべての対象と考えられている。これらの学問すべてにおいて扱われる問題のどれにおいても、抽象的観念が精神のなかに存在していて、精神はそれらに精通していると想定されているからである。

七　あまねく一致した見解によると、事物の性質や様態のおのおのはけっして離れて(apart)それ自体で(by itself)、つまり他のすべての性質から切り離されて(separated)ほんとうに存在することはなく、むしろ、いろいろな性質が同じ対象のなかでいわば互いに混合し溶融している。しかし、以下のように述べる人たちがいる。つまり、精神はおのおのの性質をそれだけで考える（consider...singly）ことができる、つまりその性質が結びついている他の性質から切り離された（abstracted）ものとして考えることができるので、そうすることによって自分自身のために抽象的観念を形成する。たとえば、延長していて、色がついていて、運動する対象が視覚によって知覚される。精神は、この混合あるいは複合した観念を単純な構成部分に解体し、次いでおのおのの部分をそれ自体で（by itself）、つまり残りの部分を排除して（exclusive）見てとる（view）ことによって、延長の抽象的観念、色の抽象的観念そして運動の抽象的観念を形成する。こうなるのは、色や運動が延長なしでも存在できるからではない。むしろ、精神が抽象（abstraction）によって、延長を排除した色の観念を、そして色と延長のどちらも排除した運動の観念を自分自身のために形成できるからにほかならない。

八　さらに精神は、感官によって知覚されるもろもろの個別的な延長のなかに、これらすべてに共通していて似ている何かがあること、そしてこれとは別に、これらを互いに識別するあれこれの形や大きさといった特殊な何かもあるということを観察すると、この共通しているものを切り離して考え（consider apart）、つまりそれだけをより分け（single out）、そうすることによって延長のきわめて抽象的な観念をつくる。すなわちこの延長の観念は、線でも面でも立体でもないし、いかなる形も大きさももってはおらず、これらすべてからまったく隔離された[17]（prescinded）観念である。これと同様に精神は、感官によって知覚される個別的な色から、これらを互いに識別するものを排除し（leave）、それらすべてに共通しているものだけを保持する（retain）ことによって、赤でも青でも白でもなく、その他のどの特定の色でもない色の抽象的観念をつくる。同じようにして、運動する物体から切り離すだけでなく、その物体が描く軌跡からも、そしてすべての個別的な方向や速度からも切り離して（abstractedly）運動を考えることによって、感官によって知覚されうるいかなる個別的な運動にも等しく対応する運動の抽象的観念が形成される。

九　そして精神は、性質や様態の抽象的観念を自分自身のために形成するのと同様に、前節と同じ隔離[18]（precision）によって、つまり精神による分離（mental separation）[19]によって、いろいろな共在する性質を含むもっと複合的な存在者の抽象的観念を手に入れる。たとえば精神は、ピーターとジェイムズとジョンが姿や他の性質において何らかの共通した一致が見られる点で互いに似ているのを観察すると、自分が持ち合わせているピーターとジェイムズおよび他の個別的な人間の複合的なあるいは複雑な観念からそれぞれの人間に固有なものを排除し、すべての人間に共通しているものだけを保持することによって、すべての個別的な人間が等しく分有するある抽象的観念をつくる。[20] どの人間もこれを分有するのは、この抽象的観念を何らかの個別的な存在へと規定するようなあらゆる付随的な状況や差異を、精神はことごとく捨象し（abstract from）切り取って（cut off）しまうからである。そして、こうしたやり方でわれわれは人間の抽象的観念を、あるいはこう言いたければ、人間性ないし人間本性の抽象的観念を手に入れると言われる。なるほどこの観念のなかには色が含まれる。何らかの色をもたない人間などいないからである。しかしその場合、その色は白でもなければ黒でもないし、およそ何か個別的な色ではない。すべての人間が分有するひとつの個別的な色などないからである。これと同様に、この観念には身長も含まれるが、しかしその場合、その身長は高くも低くもなく、かといって中くらいでもなく、これらすべてから切り離された（abstracted）何かである。残りのすべての性質についても同様である。さらに、人間の複合的な観念のすべての部分ではなく、いくつかの部分を分有する被造物は他にもいろいろいるから、精神は人間に特有な部分を除外し（leave out）、すべての生きている被造物に共通している部分だけを保持することによって、動物の観念を形成する、つまり、すべての個別的な人間だけでなく、すべての鳥、獣、魚そして虫を捨象する動物の観念を形成する。動物のこの抽象的観念の構成部分は、身体、生命、感官そして自発的運動である。身体ということで考えられているのは、いかなる個別的な姿や形もない身体である。すべての動物に共通している姿や形はひとつもないからである。この身体を覆っているのは、毛でもなければ羽でもなく、あるいは鱗その他でもないが、かといって肌が露出しているのでもない。毛や羽や鱗、そして肌の露出というのは、個別的な動物を互いに識別するための特性であり、したがってこの抽象的観念からは排除されるからである。同じ理由によって、自発的運動は歩くのでも飛ぶのでも這うのでもない。それにもかかわらずそれは何らかの運動である。しかし、その運動が何であるのかを思い描くのは容易ではない。

一〇　自分には観念を抽象するこの素晴らしい能力があると余人がいくら言い張ったとしても、私自身にかんして言えば[21]、なるほど私は、自分がかつて知覚した個別的な事物の観念を想像したり思い描いたりする能力、そしてそれらをさまざまに複合したり分割する能力をもっている。二つの頭をもった人間や、上半身が人間で下半身が馬のものを想像できる。手や目や鼻のそれぞれをそれ自体で（by itself）思い描く、つまり身体の残りの部分から切り離され（abstracted）分離されている（separated）のを思い描くこともできる。しかしその場合、私がいかなる手や目を想像しようとも、それには何か個別的な形や色がなければならない。これと同様に、私が思い描く人間の観念は、白いか黒いかあるいは黄褐色の人間の観念でなければならない。背筋が伸びているか腰が曲がっている人間の観念、あるいは長身か短身か中背の人間の観念でなければならない。どんなに頭をひねっても、先に述べられた抽象的観念を思い描くことはできない。そしてこれと同様に、運動する物体から区別される（distinct）運動の抽象的観念、つまり、速くもなければ遅くもなく、曲線的でも直線的でもない運動の観念を形成するのは不可能であり、同じことは他の抽象的で一般的な観念（abstract general idea）のすべてについて言える。率直に言えば、[22]私はある意味では抽象することができると認める。つまり、何らかの個別的な部分や性質が他の部分や性質と何らかの対象において結合しているけれども、しかしながら他のそれらがなくてもじっさいに存在することが可能である場合には、こうした部分や性質を他のそれらから分離された（separated）ものとして考えることができる。しかし、そのように分離して存在できない諸性質を互いに切り離す（abstract）ことができる、つまり分離したものとして（separately）考えることができるということ、あるいは、前述の仕方で個別的なものを捨象することによって一般的概念（general notion）を形成できるということ――、これら二つのことが[23]抽象の本来の意味であって、私はこの意味での抽象を認めない。そして、ほとんどの人たちが私に賛成してくれると考えるのも故なしとしない。学問とは縁のない単純な大部分の人たちは、抽象的概念（abstract notion）をもっているなどとけっして言い張りはしないからである。抽象的概念は難しくて、手に入れるには骨が折れると言われている。したがって、もし抽象的概念があるとすれば、それは学識ある人びとの専売特許であると結論するのも当然であろう。[24]

一一　つぎに、抽象の学説を擁護するためにいかなることが申し立てられうるかを吟味し、思弁にいそしむ人たちが常識からこれほどかけ離れた見解を抱くよう仕向けるものを見いだせるかどうか試してみよう。先ごろ物故した高名な哲学者[25]は明らかにこの学説を全面的に是認していた。それというのも彼は、抽象的で一般的な観念をもつということが知性にかんして人間と野獣をもっとも顕著に区別するものだと考えていたように思われるからである。彼はこう言う、「一般的観念（general idea）をもつということは、人間と野獣を完璧に区別するものであり、野獣の能力がけっして到達できない卓越性である。それというのも、普遍的観念（universal idea）を表示する一般的記号[26]（general sign）を野獣が使用する痕跡はけっして見いだせないし、このことからすれば、彼らは言葉（word）を、あるいはそれ以外の一般的記号を使用しないのだから、彼らには抽象の能力、つまり一般的観念を形成する能力がないと想像するのは当然だからである」。この少し後で、彼はこうも言う、「したがって、この点においてこそこの種の野獣は人間から区別される、つまり、この点は両者を完全に分ける種差なのであって、この種差はついにこれほどまで顕著になっている、と想定してもいいと思う。もしも野獣が観念をもっていて、たんなる機械ではないとするなら（ただし、たんなる機械だと考える人[27]もかなりいるけれども）、彼らが理性（reason）をいくらかもっていることを否定するわけにはいかない。彼らが感官をもっているのと同じくらいに、彼らのうちのあるものが何らかの場合には推論する[28]（reason）のは、私には明らかであるように思われるからである。しかしこの推論は、彼らが感官から受け取る個別的観念にのみ関係している。彼らのうちで頂点にいるものですら、この狭い限界に閉じ込められているのであって、（思うに）何らかの抽象によってこの限界を拡大する能力をもっていない」（『人間知性論』第二巻第一一章第一〇節および一一節）。私もまたこの学識ある著者にただちに同意して、野獣の能力はけっして抽象に到達できないことを承認する。しかし、もしもこのことがこの種の動物を識別する特性とみなされるなら、人間とみなされている動物たちの大部分はこうした動物の仲間になりかねない。野獣が抽象的で一般的な観念をもっていると考えてはならない理由として、この著者は、彼らが言葉を、あるいはそれ以外の一般的記号を使用しないということを挙げている。しかしこの理由の根底にある想定によれば、言葉を使用するということは一般的観念をもつということを含意する。だからこそ、言語を使用する人間は抽象できる、つまり観念を一般化できるというわけである。あの著者の言いたいこと、論じたいことが以上のとおりであることは、彼が別のところで立てている問いへの答えからも明らかである。彼は「存在するものはすべて個物でしかないのだから、われわれはいかにして一般的名辞を手に入れるのか」と問うて、こう答えている、「言葉が一般的になるのは、一般的観念を表示する記号とみなされるからである」（『人間知性論』第三巻第三章第六節）。しかしながら、ある言葉が一般的になるのは、それが抽象的で一般的な観念を表示する記号とみなされるからではない。その理由はむしろ、言葉がいろいろな個別的観念を表示する記号とみなされ、したがってこれらの個別的観念のどれをも精神にたいして無差別に示唆する（suggest）からである。たとえば、「運動の変化は押し込まれた力に比例する」あるいは「延長をもつものはどれも分割可能である」と言われるとき、これらの命題は運動一般や延長一般にかんして理解されうるが、しかしだからといって、これらの命題が運動する物体のない運動の観念、あるいは特定の方向も速さももたない運動の観念を私の思考に示唆するということにはならないし、あるいは、線でも面でも立体でもなく、大きくも小さくもなく、黒くも白くも赤くもなく、その他のどの特定の色ももたない延長の抽象的で一般的な観念を私が思い浮かべねばならないということにもならない。先の二つの原則[29]のうち、運動にかんする前者の原則に含意されているのは、私がいかなる運動を考えるにせよ、たとえば、運動が速いにせよ遅いにせよ、垂直であるにせよ水平であるにせよ斜方向であるにせよ、あるいはいかなる対象の運動であるにせよ、この原則がすべての運動に等しく妥当するということにほかならない。これと同様に後者の原則もまた、すべての個別的な延長に、つまり線であろうが面であろうが立体であろうが、大きさや形がこれであろうがあれであろうが、どの個別的な延長にも当てはまる。

一二　観念がいかにして一般的になるのかを見てみるなら、言葉がいかにしてそうなるのかについてもっとよく判断できるようになる。そしてこの点で注意していただきたいのは、一般的観念が存在することを私はけっして否定しないということである。私が否定したいのはむしろ、抽象的で一般的な観念が存在するということだけである。[30] それというのも、前節に引用した箇所で言及されている一般的観念は、私が第八節と九節で述べておいた意味での抽象によって形成されるとつねに想定されているからである。さて、無意味な言葉は口にせず、理解できることだけを語ろうとするなら、われわれは次のことを認めることになると思う。すなわち、それ自体では個別的でしかない観念が一般的になるのは、同じ種類の他の個別的観念のすべてを代理する（represent）あるいは代表する（stand for）からである。[31] このことを明らかにするために例を出してみよう。ある幾何学者が一本の線を二等分する方法を示そうとしている。そこで彼は、たとえば長さ一インチの黒い線を引く。この線は、それ自体においては個別的な線であるにもかかわらず、その表示のはたらき（signification）に目を留めてみるなら、一般的である。なぜなら、そこで使用されている線はおよそ個別的な線のすべてを代理していて、したがって、この線について証明されることは、すべての線についても、換言すれば、線一般についても証明されるからである。そして、この個別的な線が表示のはたらきによって一般的になるのと同様に、それ自体では個別的でしかない線という言葉も、表示の役割を担うことによって一般的になる。そして、前者がその一般性を、抽象的あるいは一般的な線を表示することに負っているのではなく、およそ存在しうるすべての個別的な直線を表示することに負っているのと同様に、後者もまたその一般性を同じ根拠から、すなわち、線という言葉はさまざまな個別的な線を無差別に指示する（denote）ということから得ていると考えなければならない。

一三 抽象的観念がいかなる本性をもっているのか、そして、それが何のために必要と思われているのかを読者にたいしてもっと明確にするために、『人間知性論』からもうひとつ引用しておこう。「子供たちや未熟な精神にとって、抽象的観念は個別的観念ほど明らかでも容易でもない。もしそれらが成人たちにとってそう思われるのだとすれば、彼らがそれらを絶え間なく使って馴染んでいるからでしかない。それというのも、注意深く見てみるなら、一般的観念は精神の産物や構成物であって、これらには困難が伴い、われわれが思うほど容易には出てこないことが分かるからである。たとえば、三角形の一般的観念をつくるのには、(これはもっとも抽象的で包括的で困難な観念のひとつではないにもかかわらず)かなりの苦労と技量を必要とするのではないか。なぜならこの観念は、斜角でも直角でもなく、等辺でも等脚でも不等辺でもなく、これらのすべてであると同時にこれらのどれでもないのでなければならないからである。じっさいこれは、(現実には)存在できない不完全な何かである。この観念においては、相異なり相矛盾するいろいろな観念がその部分となって合体しているからである。なるほど、この不完全な状態におかれた精神はこうした観念を必要とし、可能なかぎり急いでこれをつくろうとする。精神は生来、意思疎通の利便をはかり、知識の拡大を望むからである。しかしながらやはり、こうした観念はわれわれの不完全性の印ではなかろうかと思うのも当然である。少なくとも以上のことから十分に明らかなように、もっとも抽象的で一般的な観念は、精神が最初にもっとも容易に馴染む観念ではないし、精神がもっともはやく知ることになるようなものでもない」(第四巻第七章第九節)。もしも誰かがここで記述されているような三角形の観念を自分の精神のなかで形成する能力をもっているとするなら、あえて彼と論争してこの能力を否定しようとしても無駄であろうし、私としてもそんなことをするつもりはない。読者に望みたいのは、こうした観念をもっているかどうかを十分かつ確実に調べてほしいということだけである。そして、これはけっして難しい仕事ではないと思う。自分自身の思考のなかをほんの少し覗き込んで、三角形の一般的観念についてここで与えられている記述にかなうような観念、つまり、斜角でも直角でもなく、等辺でも等脚でも不等辺でもなく、これらのすべてであると同時にこれらのどれでもない三角形の観念を自分の心のなかにもっているかどうか、あるいはもてるようになるかどうかを試す以上に容易なことがあるだろうか。

一四　ロック氏は上述の引用文で、抽象的観念に伴う困難や、それを形成するのに必要な労苦について多くを語っている。そして、われわれの思考を個別的な対象から解放し、抽象的観念にかかわる高級な思弁にまで高めるには、精神の多大の難渋が必要であるというのも、衆目の一致するところである。してみれば、抽象的観念の形成といったそれほどに困難なことは意思疎通のために必要ではないということが、以上のことからおのずと帰結してもよさそうなものである。意思疎通はあらゆるたぐいの人びとにとってきわめて容易かつありふれたことだからである。しかし、ロック氏によれば、もし抽象的観念が成人たちにとって明らかで容易であると思われるのだとすれば、「彼らがそれらを絶え間なく使って馴染んでいるからでしかない」。それでは、人びとがそれほどの困難を克服し、談話のために必要なそうした手段を手に入れるようになるのはいつのことなのだろうか。成人になってからではありえない。なぜなら、成人になったとき、彼らはそうした労苦に気づかないからである。すると、子供のときにそうした仕事をしたということになる。しかし、抽象的概念を形成するという面倒な大仕事は、そんな年端もいかない彼らにとっては間違いなく難しい作業だろう。二人の子供がキャンディー、ガラガラそしてその他のおもちゃについてともに語れるのは、まず最初に相矛盾するおびただしいものを接合し、そうすることで精神のなかに抽象的で一般的な観念を形成し、そして彼らが使用しているどの普通名詞[32]にもこれらの観念を付け加えてからのことである、と想像するのは難しいことではなかろうか。

一五　管見によれば、抽象的で一般的な観念は意思疎通にとってだけでなく、知識の拡大にとっても不要である。誰もが言うように、すべての知識や証明は一般的概念にかかわる。このことは私も承知しているし、全面的に同意する。しかしその場合、こうした概念が前述のやり方で抽象によって形成されるとは思わない。一般性というのは、私に理解できるかぎりでは、何らかの事物のそれだけ切り離された絶対的な本性に[33]、あるいはその事物をそれだけ切り離して絶対的に考えるという点にその本領があるのではない。むしろその本領とは、そうした事物によって表示され（signified）代理されるもろもろの個物にたいしてその事物がとり結ぶ関係（relation）にあるのであって、この関係のおかげで、事物や名前や概念は、それ自身の本性においては個別的でありながらも、一般的になるのである。たとえば、私が三角形にかんする命題を証明するとき、私は三角形の一般的観念を念頭においていると想定されている。しかしだからといって、等辺でも不等辺でも等脚でもない三角形の観念を私が形成できるということにはならない。ここで想定されている事態はむしろ、私が考えている個別的な三角形は、それがどの種類の三角形であろうとも、およそ直線で囲まれた三角形のすべてを等しく代表ないし代理し、その意味で一般的になっているということでしかない。これらすべてのことはきわめて明白で、いかなる困難も含んでいないと思われる。

一六　しかし、ここで以下の反論が出てくるだろう、「何らかの命題〔定理〕がすべての個別的な三角形について当てはまることをわれわれが知ることができるのは、すべての三角形に等しく一致する三角形の抽象的観念についてその命題が証明されるのをわれわれが最初に見てとった場合だけであろう。それというのも、ある特性がどれかひとつの個別的な三角形に一致することが証明されるからといって、この三角形とあらゆる点で同じではない他の三角形にもその特性が等しく属するということにはならないからである。たとえば、ある二等辺直角三角形の三つの角が二直角に等しいということを証明したからといって、直角をもっているのでも二本の等しい辺をもっているのでもない他のすべての三角形にこの特性が当てはまると結論するわけにはいかない。したがって、この命題が一般的に真であることを確信するためには、われわれはあらゆる個別的な三角形のために個別的な証明をしなければならないか、それとも、三角形の抽象的観念についてこの命題を一度だけ証明すればいいかのどちらかである。しかるに前者は不可能であるから、後者でなければならない。なぜなら、すべての個別的な三角形がこの抽象的観念を無差別に分有し、これによって等しく代理されるからである」。この反論にたいして私は以下のように答えよう。私が証明している最中に念頭においている観念は、たとえば、特定の長さの辺をもったある二等辺直角三角形の観念であるけれども、それにもかかわらずこの証明が、どの種類のどの大きさの三角形であれ、直線で囲まれた他の三角形のすべてに及ぶことを私は確信できる。そしてこう確信できるのは、この三角形のこの直角、これらの辺のこの等しさ、これらの辺の特定の長さがその証明の最中ではまったく関心の的になっていないからである。なるほど、私が念頭においている図形はこれらの個別的なものをすべて含んでいるが、しかし、その命題の証明においてはこれらについてはまったく言及されていない。三つの角は二直角に等しいと言われるのは、それらの角のひとつが直角だからではないし、その角をはさむ辺の長さが等しいからでもない。ここから十分に明らかになるように、直角は斜角でもよかったのだし、辺も等しくなくてもよかった。そして、それにもかかわらず、その証明は妥当だったのである。私がある個別的な直角等脚三角形について証明したことが何らかの斜角三角形あるいは不等辺三角形についても当てはまると結論するのは、まさにこの理由によるのであって、私がその命題を三角形の抽象的観念について証明したからではない[34]。そして、ここで認めねばならないことだが、角の個別的な特性や辺の個別的な関係に注目しないで、ある図形をたんに三角形としてのみ考えることができる。そのかぎりで抽象できる。しかしだからといって、三角形の抽象的で一般的な観念を形成できるということにはならない。この観念には矛盾が含まれるからである。これと同様に、知覚されるもの〔個別的なもの〕のすべてが考慮されないかぎりで、ピーターを人間として、あるいは動物として考えることができる。しかしだからといって、人間のそれにしろ動物のそれにしろ、前述の抽象的観念を形成できるわけではない。

一七　抽象の大家たるスコラ哲学者たちは、抽象的な本性や概念の学説のせいで、おびただしい誤謬と論争の迷宮から逃れられなくなったように思われる。この迷宮のすべてを経廻るのは切りがないし無用のことでもあろう。これらの本性や概念についておびただしい口論や論争が引き起こされ、学問上の埃が広くまき散らされ、そして、人類に資する多大の利益がはたしてここから出てきたのか――これもまた今日では喋々するまでもないほどによく知られていることである。そして、もしこの学説の悪影響がこれをもっとも声高に吹聴する連中にのみかぎられていたのであれば、それはまだましなことだったろう。きわめて長きにわたって大変な労苦、努力そして才能が学問の陶冶と発展に費やされてきたにもかかわらず、学問のほとんど大部分は暗愚と不確実性に満ちたままであり、そこにおける論争もとどまるところを知らない。もっとも明晰で説得的な証明によって支えられていると考えられる学問でさえも、人間の知力によってはけっして解消できない非常識を含んでいる。[35]総じて、無邪気な気晴らしや娯楽であるだけでなく人類に実質的な利益をもたらしてくれるような学問はごくわずかである。こうしたことすべてを考えると、学問に絶望し、すべての勉励をすっかり軽蔑したくなるのも無理はない。しかし、世間に流布してきた誤った原理を検討するなら、こうした絶望や軽蔑もおそらくなくなるだろう。こうしたすべての原理のうち、思弁にいそしむ人たちの思考にもっとも広範な影響を与えているのは、抽象的で一般的な観念というこの原理であるように思われる。

一八　この流布している考えの根拠をようやく考察できるようになった。管見によれば、この根拠とは言語である。そして、これほど広く受け入れられている意見の根拠になるものと言えば、それは理性そのものと同じくらい広範に行き渡っているものしかなかったであろう。(36) 言語にその責を求めるのが正しいと思われる理由はなによりもまず、抽象的観念のもっとも有能な擁護者たちが明白に自認しているところにある。すなわち彼らが認めるところによると、抽象的観念は命名のためにつくられる。ここから明らかに帰結するのは、もし言語あるいは一般的記号といったようなものがなかったなら、抽象などということを誰も考えはしなかっただろうということである。これについては、『人間知性論』第三巻第六章第三九節その他を見ていただきたい。そこで、言葉がどのようにしてこの誤謬の源泉になったのかを吟味してみよう。

まず第一に、彼らの想定によると、どの名前も隔離され（precise）固定した（settled）ひとつのものだけを表示しているし、表示すべきである。彼らはこの想定に促されて、何らかの抽象的（abstract）で確定した（determinate）観念が存在し、おのおのの普通名詞(37)がほんらい直接に表示しているのはこの観念だけであって、この抽象的観念の媒介によって普通名詞は個別的な事物のすべてを表示するようになる、と考えてしまう。しかしながら、じつを言えば、何らかの普通名詞に結びついていて、これが表示するひとつの隔離された明確な（definite）ものといったようなものはない。[38] 普通名詞はすべて大量の個別的観念を無差別に表示するからである。このことはすべて、これまで述べてきたところから明らかに帰結するし、ちょっと考えてみれば誰にも明らかなことであろう。しかし、これにたいして彼らはこう反論するだろう、「どの名前も定義されるなら、何かひとつのものしか表示できなくなる。たとえば、〈三角形は三つの直線によって囲まれた平面である〉と定義されるなら、これによって三角形という名前は何かひとつの観念だけを指示し、他の観念を指示できなくなる」。これにたいして私はこう答える。この定義においては、平面が大きいか小さいか、黒いか白いか、辺が長いか短いか、等しいか等しくないか、あるいは、辺はどんな角をなして互いに傾いているのかは語られていない。これらすべての点はじつにさまざまでありうるのであって、したがって三角形という言葉が表示するたったひとつの固定した観念などない。ある名前を同じ定義のもとで使い続けるということと、いたるところでその名前に同じ観念を代表させるということは、まったく別のことである。前者は必要なことであるが、後者は無益だし実行不可能である。

一九 しかし〔第二に〕、言葉がどのように抽象的観念の学説を生みだすようになったのかをさらに説明するために、定説になっている二つの意見を述べておかねばならない[39]。そのひとつによれば、言語にはわれわれの観念を伝達するという目的しかない。さらに、もうひとつの意見によれば、何かを表示する（significant）名前はどれも、何らかの観念を代表する。後者の意見に加担する人びとはさらに、何らかの名前がたしかに何かを表示しているにもかかわらず、しかし、思い浮かべられる個別的観念をいつも表わしている（mark out）わけではないのは確実だと主張し、そこからただちに、名前は抽象的概念を代表すると結論する。思弁をこととする人たちの使っている多くの名前が、特定の個別的観念を他の人たちにいつも示唆するわけではないというのは、たしかに誰も否定しないことだろう。しかし、ちょっと注意してみれば分かるように、名前が観念を表示し代表するからといって、名前は使用されるたびにいつも、それが代表するとされている当の観念を知性のなかに引き起こす必要はない（もっとも厳密な推論においてすらその必要はない）。なぜなら、読書や談話において、名前の使われ方はほとんどの場合、代数学での文字の使われ方と同じだからである。つまり代数学においては、どの文字も個別的な量を表わしているにもかかわらず、しかし、正しい手続きを踏むためには、あらゆる段階においてどの文字も、それが代表するよう取り決められていた当の個別的な量をあなたがたの思考に示唆する必要はないのである。

二〇　さらに〔前者の意見によると〕、言葉によって表わされる観念を伝達することが言語の主要で唯一の目的だということになっているが、しかしそうではない。たとえば、ある情念を引き起こす、ある行為を促すあるいは躊躇させる、精神を何か特定の気分に陥らせるといった他の目的もある。前者の目的は多くの場合、この後者の目的にとって従属的でしかないし、後者が前者なしに達成される場合には、伝達の目的はまったく無視されることもある。このことは言語の普段の使い方で頻繁に見られることだと思われる。何らかの談話を読んだり聞いたりするとき、恐怖、愛憎、称賛、軽蔑等々といった情念が、ある言葉を知覚した途端に、観念が割って入ることなしに精神のなかにじかにわき出てこないかどうか、読者諸賢がみずから顧みて考えていただきたい。なるほど、最初のうちは、こうした感情を生むに適した観念を言葉が引き起こしたのかもしれない。しかし、私が間違っていなければ、言語がいったん馴染みのものになると、音声を聞いたり文字を見たりするだけで、そうした情念がじかに付随してくることがしばしばある。これらの情念は最初は観念の介在によって生みだされるのが常であったのであろうが、しかしいまとなってはこの観念はまったく無視されているからである。たとえば、「いいものをあげる」という約束によってわれわれに喜びの感情がわくけれども、しかし、そのいいものが何であるかの観念をもたないということはないのだろうか。あるいは、「危ない」と脅かされるだけで恐怖が引き起こされるけれども、しかし、われわれに降りかかりそうな個別的な害悪のことを考えるわけでもなければ、いわんや、危険の抽象的観念をつくるわけでもないということはないのだろうか。話し手が普通名詞によって自分自身の精神のなかに当の観念を表示するつもりなどなくても、さらにはその名詞によって聞き手の精神のなかに当の観念を引き起こそうと思っていなくても、これらの普通名詞がしばしば適切に使用されるということは、これまで述べてきたことをほんの少しでもみずから顧みる人にとっては明白であろう。固有名詞[41]が語られるときですら、その名前によって表わされると想定されている個人の観念を見てとることがつねに意図されているわけではない。たとえば、あるスコラ哲学者が私に「アリストテレスもそう言っていた」と語るとする。彼がこの発言で意図しているのはおそらく、この名前と結びつけられるのが常である敬意や服従をもって私がそのスコラ哲学者の意見を抱く気になるということでしかない。そしてこの効果は、自分の判断をあの哲学者の権威に譲り渡すのに慣れきった人たちの精神のなかには瞬く間に生みだされてしまい、当のスコラ哲学者の人柄、著作あるいは評判の観念のどれかがこうした効果に先立つことなどありえない[42]。この種の例は数えきれないほど挙げることができようが、しかし、誰もが十分に経験ずみだと思われることをこれ以上詮索するのはやめにしよう。

二一　これまでわれわれは、抽象的観念が不可能であることを指摘してきた。〔次いで〕抽象的観念のもっとも有能な擁護者たちが述べてきたことを考察し、抽象的観念がそのために必要だとされてきた目的にとって、それは何の役にも立たないということを指摘しようと努めてきた。そして最後に、抽象的観念が生みだされる起源にまで遡り、それが言語であることを明らかにした。なるほど言葉にはすぐれた使い道がある。あらゆる時代や民族において探究心旺盛な人たちがこぞって努力した末に得られた知識の在庫すべてが、言葉のおかげでたった一人の人間の視野におさまり所有されうるからである。しかしそれと同時に、大部分の知識が言葉の誤用によって、そしてそうした知識を伝えるための一般的な話し方のせいで、奇妙なまでに紛糾し曖昧になってきたことも認めねばならない[43]。したがって、言葉は知性を欺きがちだから[44]、私はいかなる観念を考察するにせよ、長年の絶えざる使用によってこの観念と固く結びついてきた名前をできるだけ私の思考から剝ぎとって、ありのままの裸の姿でこの観念を見つめることにしよう。そうすれば、以下の利点を引き出せると期待していいだろう。

二二　第一に、私は言葉の上だけの争いから免れると確信できるだろう。この雑草がほとんどすべての学問において繁茂してきたがゆえに、真で健全な知識の成長が阻まれてきたのである。第二に、そうすることによって、抽象的観念の巧妙な罠から確実に脱出できる。この罠のせいで人びとの精神は惨めにも紛糾し困惑してきた。のみならず、奇妙なことに、繊細で探究心旺盛な精神の持ち主ほど、この罠に深く捕らえられ脱け出られなくなる。第三に、言葉を剝ぎとられた私自身の観念にのみ思考を集中するかぎり、どうして私がいとも簡単に誤るのかが理解できなくなる。私が考察する対象を、私は明晰かつ十全に知る。もってもいない観念をもっていると思って欺かれることなどなくなる。私自身の観念のどれかが、ほんとうは互いに似ているあるいは似ていないのに、そうだと思い込むことは不可能になる。私の観念のあいだにある一致あるいは不一致を見分け、複合した観念のなかにいかなる観念が含まれ、いかなる観念が含まれていないかを見てとるためには、私自身の知性のなかで生じていることに注意深く目を配りさえすればいいのである。

二三　しかし、これらの利点すべてを手に入れるためには、言葉による欺瞞から完全に解放されねばならない。私自身もかならずこれができると請け合えるわけではない。言葉と観念のあいだの結合ほど早くに始まって長期の習慣によって固められたものはないので、この結び目を解きほぐすのはきわめて困難なことだからである。この困難をさらに増大させたのが、抽象の学説であるように思われる。それというのも、抽象的観念は言葉と結びついていると人びとが考えるかぎり、彼らが観念に代えて言葉を使うのは不思議とは思われなくなるからである。なぜなら、抽象的観念それ自体はまったく理解不可能なものであるから、言葉を使わずにそうした観念を精神のなかにとどめておくのはできない相談だということが判明するからである。だからこそ、管見によれば、省察においては言葉を使わずに観念をありのままの姿で考察するよう口をきわめて他人に勧めた人たちも、やはり自分自身はうまくそうすることができなかったのである。近年、言葉の誤用から生じる不合理な意見や無意味な論争に非常に敏感になる人たち[45]が増えてきた。そしてこれらの悪弊を矯正するために彼らは、観念を表示する言葉に目を向けず、表示されている観念に注目するようもっともらしく忠告する。しかし、彼らが他人に与えたこの忠告がどれほど適切であっても、彼ら自身はこれにしかるべき敬意を払えなかったのは明白である。それというのも彼らは、言葉の唯一の直接的な使い道は観念を表示することであり、どの普通名詞も確定した抽象的な観念を直接に表示していると考えたからである。

二四 しかし、彼らのこうした考えは誤りだということが知られるなら、われわれは言葉による欺瞞をもっと容易に防止できる。自分は個別的観念しかもっていないということを知っている人は、名前に結びつく〔とされる〕抽象的観念を見つけて理解しようと頭をしぼる無駄なことなどしなくなるだろう。名前はつねに観念を代表するわけではないということを知っている人は、見つかりもしない観念を探す徒労をやめにすることだろう。したがって、考察すべき観念から言葉の衣装と重荷を剝ぎとって、その観念を明晰に見てとるよう最大限の努力を傾けるのが望ましい。言葉こそ、判断を曇らせ注意を散漫にする主因だからである。天界に視野を広げても、大地の内部を覗き込んでも無駄である。識者の著作に助言を仰いでも、古人の曖昧な足跡をたどっても無駄である。われわれは言葉の覆いを取りはずして、きわめて見事な知識の木を見さえすればいい。この木の素晴らしい果実はわれわれの手の届くところにある。

二五　言葉ゆえの混乱と幻惑から知識の第一原理を浄化するよう気をつけなければならない。言葉にすがって果てしなく推論を重ねたところで、まったくの徒労に終わるだろう。どれほど帰結を引き出しても、その分だけ賢くなることはけっしてないだろう。先へ進めば進むほど、それだけ取り返しのつかないほどに方向を見失い、困難と虚偽の深みにはまり込むだろう。そこで、以下の論考を読もうとされる読者諸賢にお願いしたいことがある。

私の言葉を自分自身の思索のきっかけにして、私が書いたときと同じ思考の流れで読むよう努めていただきたい。こうすることで読者は、私が言っていることの真偽を容易に判別できるだろうし、私の言葉によって欺かれる危険からも逃れられるだろう。自分自身の観念から欺瞞の覆いを剝ぎとり、それをありのままの姿で考察すれば、読者はいかようにしても誤謬に陥ることはないからである。

人間的知識の原理について　第一部[46]

一　人間的知識の対象を吟味しようとする誰にとっても明らかなように、これらの対象は、感官にじっさいに刻印される（imprinted）観念であるか、それとも、精神の受動と能動に注意することによって知覚されるような観念であるか、あるいは最後に、記憶や想像力の助けによって形成される観念、つまり、もともといま述べた仕方で知覚された観念を複合したり分割したりすることによって、あるいはたんにそれらを再現することによって形成される観念であるかのいずれかである。[49]視覚によって私は、さまざまな度合いと変化をもつ明るさと色の観念を手に入れる。触覚によって私は、たとえば硬さと柔らかさ、熱さと冷たさ、運動と抵抗を知覚し、さらにはこれらすべてをその量や程度にかんしてさまざまに知覚する。嗅覚は私ににおいを与え、味覚は味を与える。そして聴覚は精神に、あらゆる音調をさまざまに組み合わせた音を伝えてくれる。さらに、これらのいくつかは相互に随伴することが観察されるので、一つの名前で呼ばれ、そうすることで一つの事物とみなされるようになる。たとえば、ある色、味、におい、形そして硬さが相伴うのが観察されると、それらは一つの特定の事物とみなされ、リンゴという名前によって表示される。(50) これ以外の観念の集まりも、石、木、本、そしてこれらに類した感覚可能な事物をつくりあげ、これらの事物は快適であったり不快であったりするのに応じて、愛憎、悲喜等々の情念を引き起こす。

二　しかし、このような果てしなく多様な観念すなわち知識の対象すべてのほかにさらに、これらを知るあるいは知覚する何かが、つまり、意志する、想像する、思い出すといったさまざまなはたらき(operations)を観念にたいして行使する何かが存在する。この知覚する能動的な(active)存在者は、私が精神(mind)、心(spirit)、魂(soul)あるいは私自身(my self)〔私の自我〕と呼ぶものである。これらの言葉によって私が指示しているのは、私の観念のうちのどれかではなく、これらの観念から全面的に区別される事物である。つまり、もろもろの観念はこの事物のうちに存在する、あるいは同じことだが、この事物によって知覚される。それというのも、ある観念が存在するということは、知覚されるということにその本領があるからである。

三　誰でも承認するように、思考内容も、情念も、想像力によって形成される観念も、精神のそとには存在しない。そしてこれに劣らず明白なことに、さまざまな感覚（sensation）つまり感官に刻印されるさまざまな観念は、どれほど混合され結合されようとも（つまり、いかなる対象をつくろうとも）、これらの観念を知覚する精神のなか以外には存在できない。存在する（exist）という言葉が感覚可能な事物に適用されるとき、それが何を意味するのかに注意する人なら誰でも、このことを直観的に知ることが[51]できるだろう。「私がこれを書いている机は存在する」と私は言う。すなわち、私はこの机を見るし、これに触る。そして、もし私が書斎のそとにいるとしても、私は「それは存在する」と言うだろう。この発言によって私が意味しているのは、「もし私が書斎にいるなら、私はそれを知覚するだろう」あるいは「何か他の心[52]がじっさいにそれを知覚している」ということである。においが存在した、すなわち、そのにおいが嗅がれた。音が存在した、ということはつまり、その音が聞かれた。色あるいは形が存在した、つまり、それらが視覚あるいは触覚によって知覚された。私がこの「存在する」あるいはそれに類した表現で理解できるのは、以上のことだけである。それというのも、「思考しない事物は絶対的に存在する、すなわち知覚されることとは何の関係もなしに存在する」といくら言われたところで、その発言はまったく理解不可能だからである。そうした事物が存在する（esse）ということは知覚されている（percipi）ということなのであって、その事物がそれを知覚する〈精神すなわち思考する事物〉[53]のそとに存在するなどというのは不可能なのである。

四 〈家、山、川、一言で言えば、感覚可能な対象はすべて自然的に存在する[54]あるいはほんとうに存在する、つまり、知性によって知覚されるということから区別されて（distinct）[55]存在する〉というのは、なるほど奇妙にも人口に膾炙した意見である。しかし、この原理が世間でどれほど大きな確信と黙認をもって迎え入れられているとしても、これをあえて疑問に付す気概をもつ人なら誰でも、もし私に誤りがなければ、これが明白な矛盾を含むことに気づくだろう。それというのも、たったいま言及した対象は、われわれが感官によって知覚する事物以外の何であろうか。そしてわれわれは、われわれ自身の観念あるいは感覚以外の何を知覚するというのだろうか。ということはつまり、これらの観念のどれかが、あるいはこれらの観念の組み合わせ（combination）が知覚されずに存在するということは、明らかに矛盾しているのではないか。

五 もしこの〔人口に膾炙した〕主張を徹底的に吟味するなら、それはつまるところ抽象的観念の学説に依拠していることが判明するだろう。[56] それというのも、感覚可能な対象が知覚されずに存在すると考えられるようにするために、その対象が存在するということをそれが知覚されるということから区別する(distinguish)――このこと以上にはなはだしい抽象などありうるだろうか。明るさと色、熱さと冷たさ、延長と形、一言でいうなら、われわれが見て触れる事物はどれも、感覚、概念、[57] 観念、つまりは感官への刻印以外の何であろうか。そして、頭のなかでさえこれらのどれかを知覚から分離する(separate)ことなど可能であろうか。もしこれを容易に分離できるというのなら、私に言わせれば、それと同じくらい容易に、ある事物をそれ自身から切り離す(divide)こともできるだろう。なるほど私は、これまでおそらくけっして切り離されたものとして感官によって知覚しなかった事物を、頭のなかで切り離すことができる、あるいはそれらを互いに分離して(apart)考えることができる。たとえば私は、四肢のない人間の身体の胴体を想像するし、あるいは、薔薇そのものを考えずとも薔薇のにおいを思い浮かべることができる。このかぎりで、私はたしかに抽象できる。つまり、ほんとうに分かれて(asunder)存在することが可能であるような対象を、すなわちじっさいに分かれて知覚されることが可能であるような対象を分離したものとして(separately)考えるということ――これだけを抽象と呼ぶのが適切であるとするなら、なるほど私は抽象できる。しかしながら、考えたり想像したりする私の能力は、〔対象あるいは事物が〕ほんとうに〔分かれて〕存在するこの可能性を、すなわちほんとうに〔分かれて〕知覚されるこの可能性を超えることはない。したがって、私がある事物をじっさいに感覚せずともその事物を見るあるいは触れることはできないのと同様に、私は頭のなかですら、何らかの感覚可能な事物あるいは対象を、それの感覚あるいは知覚から区別されている（distinct）ものとして考えることもできない[58]。

六　真理のなかには、きわめて身近で明白であるがゆえに、目を開きさえすれば見てとれるものがある。次の重要な真理はそうしたものであろう。つまり、天界の聖歌隊[59]や地上の備品のすべて、約言するなら、世界という巨大な構築物を構成しているすべての物体は精神のそとでは自存できず、それらが存在するというのは知覚されるあるいは知られるということであり、したがって、それらが私によってじっさいに知覚されないかぎりは、あるいは、私の精神のなかに存在しないかぎりは、もしくは私以外の何らかの被造的存在者の精神[60]のなかに存在しないかぎりは、それらはそもそもまったく存在しないか、それとも、何らかの永遠の存在者[61]の精神のなかで存続するにちがいない。こうした物体のどれかひとつの部分が精神から独立に存在すると考えることは、まったく理解不可能で、抽象にまつわるすべての不合理を抱え込むからである。この真理を確信するためには、読者はよくよく考えたうえで、感覚可能な事物が存在することをそれが知覚されることから分離できるかどうか、それも自分自身の頭のなかでさえ分離できるかどうか試すだけでいいだろう。[62]

七 上述のことから、心すなわち知覚するもの以外の実体は存在しないことが帰結する。しかし、この点をもっと十分に論証するためには、以下のことを考えてみればいい。感覚可能な性質とは色、形、運動、におい、味等々のことである、つまりは、感官によって知覚される観念である。しかるに、知覚しない事物のなかに観念が存在するというのは、明らかな矛盾である。なぜなら、観念をもつということは、知覚するということとまったく同じだからである。したがって、色、形そしてそれに似た性質がそのなかに存在するものは、そうした性質を知覚するのでなければならない。それゆえ、こうした観念の〈それを支える〉〈思考しない実体あるいは基体〉[63]が存在できないのは明らかである。

八 「しかし」とあなたがたは言う、「観念そのものは精神のそとには存在しないけれども、観念と似ている事物は存在するかもしれない、つまり、観念はこの事物の写しあるいは類似物であって、こうした事物は精神のそとに存在する、つまり、思考しない実体のなかに存在する」。これにたいする私の回答は以下のとおりである。観念は観念にしか似ることができない。たとえば、ある色は別の色に、ある形は別の形にしか似ることができない。もしわれわれがほんの少しでもわれわれの頭のなかを覗いてみるなら、観念のあいだ以外に類似（likeness）を思い浮かべるのは不可能であることが分かるだろう。さらに私は尋ねたい。われわれの観念がそれの像あるいは代理である原型あるいは外的な事物と想定されているものは、それ自身が知覚されるのか、それとも知覚されないのか。もし知覚されるのであれば、それらは観念であって、われわれの勝ちになる。しかし、もし知覚されないとあなたがたが言うなら、色は目に見えない何かに似ているとか、硬軟は触れることのできない何かに似ている等々と主張することに意味があるのかどうかを、誰にせよ吟味していただきたい[64]。

九　第一性質と第二性質を区別する人たちがいる[65]。彼らは前者によって、延長、形、運動、静止、固体性つまり不可入性、そして数を考えている。彼らが後者によって示しているのは、これら以外の感覚可能な性質のすべて、たとえば、色、音、味等々である。彼らによれば、これら後者の感覚可能な性質についてわれわれがもつ観念は、精神のそとに存在する事物、つまり知覚されずに存在する事物の類似物ではない。しかし彼らは、第一性質についてのわれわれの観念を、精神のそとに存在する事物、つまり彼らが物質と呼ぶ思考しない実体のなかに存在する事物の模像つまり似像[66]にしようとしている。したがって物質ということによってわれわれは、感官をもたない不活発な実体を理解し、この実体のなかに延長、形そして運動がほんとうに存在すると考えねばならないことになる。しかし、これまで指摘したことから明らかなように、延長、形そして運動は精神のなかに存在する観念でしかなく、ある観念は別の観念にしか似ることはできない、したがってこれらの観念もそれらの原型[67]も、知覚しない実体のなかには存在できない。それゆえ、物質あるいは物体的実体と呼ばれているものの概念そのものが、そのなかに矛盾を含んでいるのは明らかである[68]。

一〇　形、運動そして他の第一性質あるいは原型的性質が精神のそとに存在する、つまり思考しない実体のなかに存在すると主張する人たちは、それと同時に、色、音、熱さと冷たさ、そしてこれらに類した第二性質はそのようには存在しないと認める。それというのも、彼らに言わせれば、これらの性質は精神のなかにのみ存在する感覚であり、これらの感覚は物質の微細な粒子のさまざまの大きさ、肌理そして運動に依存し、これによって引き起こされるからである。彼らはこのことを、いかなる異論も許さずに証明できる不可疑の真理とみなしている。さて、これらの原型的性質はそれ以外の感覚可能な性質と不可分に結合していて、頭のなかでさえそれらから切り離される（abstracted）ことはありえないということが確実であるなら、そうした原型的性質は精神のなかにしか存在しないことが明らかに帰結する。しかるに、誰でもいいからよくよく考えたうえで、物体の延長や運動を頭のなかでの分離〔抽象〕（abstraction）によってこれら以外のすべての感覚可能な性質なしに思い浮かべられるかどうか試してもらいたい。私自身はと言えば、延長して運動する物体の観念をつくるためには、この観念に何らかの色やそれ以外の感覚可能な性質を同時に与えなければならないと明白に見てとるが、しかし、こうした感覚可能な性質は精神のなかにしか存在しないと認められている。要するに、延長、形そして運動は、これら以外のすべての感覚可能な性質から切り離されるなら、思い浮かべることができない。したがって、こうした他の感覚可能な性質が存在するところには、これら延長等もまた存在するにちがいない。すなわち、延長等は精神のなかに存在するのであって、ここ以外のどこにも存在しない。

一一　あらためて言うなら、大きいや小さい、速いや遅いは、精神のそとのどこにも存在しないと認められている。それというのも、これらはまったく相対的だから、つまり、感覚器官の構造や位置が変化するのに応じて変わるからである。したがって、精神のそとに存在する延長は大きくも小さくもないし、精神のそとに存在する運動は速くも遅くもない、すなわちそれらはまったく何ものでもない。しかしあなたがたは、それらは延長一般、運動一般なのだと言う。こうしてわれわれは、延長した運動する実体が精神のそとに存在するという主張がどれほどあの抽象的観念という奇妙な学説に依存しているのかを見てとることになる。そして、ここでどうしても述べておきたいのだが、現代の哲学者たちが彼ら自身の原理のゆえに陥っている物質あるいは物体的実体の曖昧で漠然とした説明は、アリストテレスとその追随者たちのもとでの第一質料[69]（materia prima）といういっそう笑いものになっているあの古びた考えにきわめて似ている。延長がなければ、固体性など思い浮かべられない。しかるに、すでに指摘しておいたように、延長は思考しない実体のなかには存在しない。それゆえ、同じことは固体性にも当てはまらなければならない。

一二　たとえ数以外の性質が精神のそとに存在すると認められるとしても、数はことごとく精神の産物である。同じ事物であっても、精神がそれを異なった観点で見るのに応じて、異なる数で呼ばれることを考慮するなら、誰にとってもこのことは明白であろう。たとえば、同じ延長でも、精神がヤード、フィートあるいはインチのどれを参照しながら考慮するかに応じて、一、三あるいは三六である。数はきわめて明白に相対的である、つまり人間の知性に依存している。したがって、数に精神のそとの絶対的存在を与える手立てを講じるなどというのは、奇妙きてれつなことである。一冊、一頁、一行という言い方がある。これらのうちのあるものは他のもののいくつかを含むにしても、これらはすべて等しく単位である。そしてこれらの単位のいずれにおいても、その単位がかかわるのは明らかに、精神によって任意に結合された観念のある個別的な組み合わせである。[70]

一三 単一性は単純観念つまり複合されていない観念であって、他のすべての観念に随伴して精神のなかに入ってくる、と考える人たち[71]がいることは承知している。単一性という言葉に対応するそのような観念を私がもっていることを、私は確認できない。もしそうした観念をもっているのなら、私がそれを見逃すはずはないだろう。むしろ逆に、それは私の知性にとってもっとも身近なはずであろう。なにしろ、すべての他の観念に随伴し、あらゆるたぐいの感覚と反省[72]によって知覚されると言われているからである。もうこれ以上言わずとも知れることであろうが、単一性は抽象的観念である。

一四 さらに付け加えておこう。現代の哲学者たちは、感覚可能な性質のいくつかが物質のなかには存在しない、つまり精神のそとには存在しないことを論証している。これと同じやり方で同じことを、何であれ他のすべての感覚可能な性質についても同様に論証できる。たとえば、熱さと冷たさは精神のみがこうむる変様であって、ほんとうに存在するものの模像などではない、つまりこれらの冷熱を引き起こす物体的実体のなかに存在するものの模像ではない、と言われている。それというのも、一方の手に冷たく現われる同じ物体が他方の手には温かいと思われるからである。[73] しかるに、これと同様に、形と延長は物質のなかに存在する性質の模像あるいは類似物ではないと論じてなぜいけないのか。なぜなら、同じ目でも異なった場所にあれば、あるいは、その目が同じ場所にあっても構造が異なっていれば、形や延長はさまざまに現われ、したがって、精神のそとの不変の一定した何ものかの似像ではありえないからである。さらに、甘さは味を引き起こす事物のなかにほんとうにあるのではないことが論証されている。なぜなら、当の事物が変化しないのに、発熱したりその他の変調が舌に起きたりしたとき、甘さは苦さに変わるからである。運動は精神のそとには存在しないと言うことは、この場合と同じくらい理にかなったことではないだろうか。それというのも、精神のなかの観念の継起が速くなればなるほど、外的対象には何の変更がなくても運動はそれだけ遅く現われることが認められるからである。[74]

一五　手短に言おう。色や味が精神のなかにしか存在しないことを明白に論証すると思われているこうした議論をよくよく考える人なら、その議論が同じ威力をもって同じことを延長、形そして運動についても論証することになるのを見てとるだろう。ただし、認めなければならないことだが、このやり方の議論が論証しているのは、延長や色が外的対象のなかに存在しないということではなく、むしろ、この対象の真の延長や色はいったいどれなのかを感官によって知ることはできないということでしかない。しかし、これに先立つ議論は、色や延長はすべて、あるいは他のいかなる感覚可能な性質も、精神のそとの思考しない基体のなかに存在できないということを、あるいはじつのところ、およそ外的対象といったような事物は存在できないことを明白に示しているのである。(76)

一六　しかし、巷間に流布している意見をもう少し調べてみよう。延長は物質の様態あるいは偶有性であり、物質はそれを支える基体である、と言われている。さて、「物質が延長を支える」という言い方で何が意味されているのかを説明してほしいものである。「物質の観念などもっていない、だから説明できない」とあなたがたが言うのなら、私はこう答えよう。あなたがたは物質の絶対的な観念はもっていないとしても、しかし、もしその言い方の意味するところが少しでも分かるというのなら、少なくとも物質の相対的な(relative)観念をもっているのでなければならない。すなわち、あなたがたは物質が何であるかを知らないとしても、物質が偶有性といかなる関係（relation）をもっているのかを、つまりは、物質が偶有性を支えるということによって何が意味されているのかを知っているはずである。ここでの「支える」という言葉は明らかに、柱が建物を支えるといった言い方に見られるような、普通の文字どおりの意味では受け取られていない。それでは、いかなる意味で受け取られねばならないのか[79]。

一七　きわめて鋭敏な哲学者たちは、物質的実体ということで何を意味しているのかが分かっていると公言する。しかし、彼らの意味するところを調べてみると、彼らがこれらの音に結びつけているのは、存在者一般の観念と、それが偶有性を支えるという相対的な概念でしかないと彼ら自身が認めているのが分かるだろう。存在者という一般的観念は私にとって、あらゆる一般的観念のうちでもっとも抽象的で理解不可能であるように思われる。そして、存在者が偶有性を支えるということは、たったいま述べたように、これらの言葉の普通の意味では理解できず、したがって何か別の意味で受け取られねばならないが、しかし彼らは、この別の意味が何であるかを説明していない。したがって私は、物質的実体という言葉が表示しているこれら二つの部分ないし分枝を考えてみると、これらにはいかなる明確な意味も結びついていないと確信する。しかし、形や運動、あるいはその他の感覚可能な性質のこの物質的基体あるいは支えについて論じることで、なぜわれわれは余計な厄介ごとに巻き込まれなくてはならないのか。この基体なるものは、それらの性質が精神のそとに存在すると想定してはいないだろうか。そして、この想定はそれだけですでに矛盾していて、まったく理解不可能ではないだろうか。

一八　しかし、われわれが物体についてもっている観念に対応する固くて形をもっていて運動する実体が、かりに精神のそとに存在することは可能だとしても、われわれはこのことをいかにして知ることができるのか。われわれがそれを知るのは、感官によるか理性によるかのいずれかでなければならない。(81) われわれの感官にかんして言えば、われわれがこれによって知るのは、われわれの感覚や観念、すなわち感官によって直接に知覚される事物だけである（これらを何と呼ぼうとかまわない）。しかし感官は、知覚される事物に似た事物が精神のそとに存在する、つまり知覚されずに存在するということをわれわれに教えてくれるわけではない。このことは物質論者(82)自身でさえ認めている。したがって、いやしくもわれわれが外的な事物を知るとするなら、それは理性によるのでなければならない。つまり、外的な事物が存在することを、感官によって直接に知覚されるものから推論するしかない。しかし、われわれが知覚するものをもとにして、物体が精神のそとに存在することをわれわれに信じるようにさせるのは、いかなる理性なのだろうか。なぜなら、物質を擁護する人びと自身も、物体とわれわれの観念とのあいだに何らかの必然的結合があるなどと言い張りはしないからである。私に言わせれば、あまねく認められているように(そして、夢、[83]錯乱等々で生じることが議論の余地なく示しているように)、われわれがいまもっている観念に似ている物体が外部にまったく存在しないにもかかわらず、われわれはそうした観念のすべてをもつことが可能である。したがって、外的物体の想定は明らかに、われわれの観念を生みだすために必要ではない。なぜなら、外的物体が同時に作用しなくても、現在われわれが見ているのと同じ秩序で観念がときに生みだされ、ひょっとしたらつねに生みだされうる[84]ということが承認されているからである。

一九「しかし、外的物体がないのにすべての感覚をもつことは可能であるにしても、感覚に似た外的物体を想定するやり方のほうが、いかにして感覚が生みだされるかを、おそらく他のやり方よりももっと容易に理解し説明できると思われる。したがって、物体といったような事物が存在するのであって、これがわれわれの精神のなかにその観念を引き起こすことは、少なくともありうることである」〔と、あなたがたは反論するかもしれない〕。しかし、この反論も不可能であって、その理由は以下のとおりである。かりに物質論者に譲歩して、彼らが言う外的物体を承認するにしても、彼ら自身が認めているように、われわれの観念がいかにして生みだされるかを彼らがその分だけきちんと知ることにはけっしてならない。なぜなら、彼ら自身が白状しているように、いかなる仕方で物体が精神に作用できるのか、あるいは、いかにして物体が観念を精神のなかに刻印できるのかを、彼らは理解できないからである。したがって、われわれの精神における観念あるいは感覚の産出は明らかに、物質あるいは物体的実体を想定する理由にはなりえない。この産出は、こうした想定のあるなしにかかわらず、いずれにせよ説明不可能のままだと認められているからである。それゆえ、物体が精神のそとに存在することが可能だとしても、じっさいに存在すると主張することは、きわめて当てにならない意見でしかないにちがいない。それというのも、そのように主張するということは、神はまったく不要なものを、つまり何の役にも立たないものを無数に創造したと何の根拠もなしに想定することだからである。

二〇　要するに、外的物体が存在するとしても、われわれがこのことを知るようになるのは不可能である。そして、外的物体が存在しないのにそれが存在すると考えるための理由は、われわれがいま〔前節での反論として〕もっているのとまったく同じ理由しかない。〔すなわち、〕次のように想定していただきたいし、この想定が可能だということは誰も否定しないだろう。ある知性体が、外的物体の助力などないのに、あなたがたがいまもっているのと同じ一連の感覚あるいは観念をもっていて、しかもこれらが同じ秩序と生気をもって彼の精神のなかに刻印されているとしよう。そこで私は尋ねたい、彼の観念によって代理され、彼の精神のなかにこれらの観念を引き起こす物体的実体が存在するとこの知性体が信じるようになる理由は、あなたがたが同じことを信じるためにおそらくもっている理由しかないのではないのか。これについては疑問の余地がない。理屈をわきまえた人であれば、このたった一つのことを考察するだけで、物体が精神のそとに存在するということを論証するために自分がいかなる議論を繰り出そうとも、これらの議論のいずれもまったく無力ではないかとすぐにも疑ってかかるからである。

二一　物質の存在を論駁するためにこれまでに述べたことにさらに論証を付記する必要があるとするなら、この学説から出てきた誤謬や難点（不敬は言うまでもないが）のいくつかを例示できるだろう。この学説は哲学においては数知れぬ論争や論議を、そして宗教においてははるかに重要な少なからぬ論争や論議を、その結果として引き起こしてきたからである。しかし、ここでそれらの詳細に立ち入るのはやめておこう。アプリオリなやり方ですでに十分に証明された（思い違いでなければ、私は十分に証明しておいたつもりである）ことを確認するために、アポステリオリな論証など不要だからだし、また、後にこれらの論証にいくらか触れる機会もあるからである。[85]

二三　この主題を扱うにあたって、不必要なまでに冗長に書いているとの謗りを、私は免れないかもしれない。それというのも、ほんの少しでも熟慮できる人になら一行か二行できわめて明証的に証明されうることを長々と論じたところで、それが何の役に立つのだろうか。この熟慮にあたっては、あなたがた自身の頭のなかを覗き込んで、音、形、運動あるいは色は精神のそとに存在できる、つまり知覚されずに存在できると考えることができるか試すだけでいい。この簡単な試みだけで、あなたがたが擁護しようとしていることはまったくの矛盾だということが見てとれるだろう。そこで私は次の論点にすべてをかけることにしよう。[86]何かひとつの延長した運動する実体が、あるいは一般に、何かひとつの観念ないし観念に似た何かが、それを知覚する精神のなか以外に存在できる、とあなたがたが考えることができさえすれば、私は即座に降参しよう。そして、あなたがたが擁護する外的物体の集合体すべてにかんして言えば、たとえ、それが存在すると信じる理由をあなたがたが挙げることができなくても、あるいは、それが存在すると想定されても何の役に立つのか分からないとしても、それが存在することも認めよう。あなたがたの意見が真であるという可能性だけで、じっさいそれが真であることを論証していることにしよう。

二三 「しかし」とあなたがたは言う、「たとえば、ある公園のなかの木を想像する、あるいは私室のなかに本があるのを想像する、そして、そばにはそれらを知覚する人が誰もいないのを想像する――これ以上に簡単なことはないはずだ」。これにたいして私はこう答える。あなたがたはそう想像できるし、そこには何の困難もない。しかしこのように想像するということは、あなたがたが本とか木と呼ぶ何らかの観念をあなたがたの精神のなかでつくっているくせに、それと同時に、それらを知覚できる誰かの観念をつくるのを怠っているということでしかないのではないか。しかし、そう想像している間じゅうずっと、あなたがた自身がそれらの木や本を知覚している、あるいは考えているのではないか。だから、この反論は何の役にも立たない。その反論は、あなたがたはあなたがたの精神のなかに想像する能力を、あるいは観念をつくる能力をもっているということしか示していないのであって、あなたがたの思考の対象が精神のそとに存在できる、とあなたがたが考えることができるということまで示しているわけではない。この後者のことを明示するためには、そうした思考の対象は思い浮かべられずに存在する、あるいは考えられずに存在すると考えることが必要であるが、しかしこのことは明白な矛盾である。外的物体が存在するとわれわれが全力を挙げて考えている間じゅう、われわれはわれわれ自身の観念のことを思いめぐらせているだけなのだ。しかし、精神が自分自身を注視しないときには思い違いをして、物体は考えられずに存在する、あるいは精神のそとに存在すると考えることができると思ってしまうし、じっさいそう考えていると思い込む。しかしながら、精神がそのように考えているときには、それと同時にそれらの物体は精神自身によって把握されている、あるいは精神自身のなかに存在しているのである。ほんのわずかでも注意してみれば、ここで言われていることが真で明白であることは誰にも分かるだろうし、物質的実体の存在への反論をこれ以外に挙げることなど不要であろう。

二四㊇ 感覚可能な対象がそれ自体で絶対的に存在する、すなわち精神のそとに存在するという言い方で意味されていることを理解できるかどうかを知るためには、われわれ自身の頭のなかをほんのわずかでも調べてみればいい。私にとってこれらの言葉は明らかに、まったくの矛盾を指すか、さもなければ何も意味していないかのどちらかである。そして他の人たちにこのことを確信させるためには、彼らが落ち着いて彼ら自身の思考に注意してみるよう請うよりも手っ取り早く適正な手段はないと思う。そして、もしこの注意によってこうした表現の空虚さや矛盾が明らかになるなら、彼らを説得するためにこれ以上のことはまったく不要である。したがって、私が力説したいのはまさにこの点、つまり、思考しない事物の絶対的存在というのは意味のない言葉であるか、さもなければ矛盾を含む言葉であるということである。これこそ私が繰り返し説き続け、注意深く考える読者に心から推奨していることなのである。

二五 われわれの観念、感覚[88]はすべて、あるいは、われわれが知覚する事物(これをいかなる名前で区別してもかまわない)はすべて、明らかに非能動的(inactive)であり、それらのなかには力(power)あるいは作用力(agency)はまったく含まれていない。したがって、ひとつの観念あるいは思考の対象が他の観念を生むことはできない、あるいは他の観念を変えることはできない。これが真であることを納得するためには、われわれの観念を観察するだけでいい。それというのも、われわれの観念およびそのどの部分も精神のなかにしか存在しないのだから、それらのなかには知覚されるものしかない、しかるに、感官の観念であれ反省の観念であれ、自分の観念に注意するものは誰でも、これらのなかにいかなる力も活動(activity)も知覚しないだろう、したがって、これらのなかにはそうしたものは含まれていないことになるからである。わずかな注意でわれわれに明らかになるように、観念の在り方そのものが受動的(passive)で不活発(inert)なのであって、観念がなにごとかを行う、あるいは厳密に言えば、何らかの事物の原因であることは不可能である。さらにはまた、第八節から明らかなように、観念は何か能動的（active）な存在者の類似物あるいは模像であることも不可能である。ここから明らかに帰結するのは、延長、形そして運動はわれわれの感覚の原因ではありえないということである。したがって、これらの感覚が粒子の配置、数、運動そして大きさから出てくる力の結果だと語る[89]のは、間違いなく虚偽でなければならない。

二六　われわれは観念がたえず継起するのを知覚する。新たに引き起こされる観念もあれば、変化する観念もあり、あるいは完全に消える観念もある。したがってこれらの観念には、それらが依存する原因があり、この原因が観念を生み変化させる。この原因が何らかの性質、あるいは観念、あるいは観念の組み合わせではありえないことは、前節から明らかである。したがって、この原因は実体でなければならない、しかるに、すでに示されたとおり、物体的あるいは物質的実体は存在しない、それゆえ、観念の原因は非物体的な能動的実体、つまり心であることになる。

二七　心は一つの単純で、分割できない、能動的な存在者である。心が観念を知覚するかぎりで、それは知性と呼ばれ、観念を生むもしくは観念にそれ以外の仕方ではたらきかけるかぎりで、それは意志と呼ばれる。したがって、魂あるいは心については、いかなる観念も形成できない。それというのも、およそ観念というのはすべて受動的で不活発であるから（第二五節を見よ）、能動的に作用するものを似像あるいは類似によってわれわれに示すことができないからである。ほんの少し注意してみれば誰にも明らかなように、観念を生んだり変えたりする能動的原理に似た観念をもつことは絶対に不可能である。心つまり能動的に作用するものは、その本性からして、それ自体では知覚されえず、ただそれが生みだす結果によってのみ知覚される。ここで述べられていることが真であることを疑う人がいるのなら、その人にはよくよく考えたうえで、何らかの力もしくは能動的存在者について観念を形成できるかどうか、つまり、意志と知性の名前で呼ばれている互いに区別される二つの原理的な力について観念をもっているかどうか試してもらいさえすればいい。さらに、これら二つから区別される観念として、魂あるいは心の名前で表示される実体あるいは存在者一般について〈先の二つの力を支えるあるいはそれらの基体になっている〉という相対的な概念をもつとともに、これについて第三の〔絶対的な〕観念をもっているかどうか試してもらえばいい[90]。そうした観念をもつことができると主張する人たちもいる。しかし、私の見るところ、意志、魂、心[91]という言葉はそれぞれ別の観念を表わしているのではない。あるいはほんとうのところを言えば、そもそも観念を表わすのではなく、観念とはまったく違う何か、つまり、およそ観念に似ることがありえない何か、あるいは、作用者（agent）であるがゆえに観念によって代理されることもありえない何かを表わしている。[92]ただし、同時に認めておかねばならないことだが、魂や心について、そして、精神のはたらきについて、たとえば意志する、愛する、憎むといった精神のはたらきについて、これらの言葉の意味を知っている、あるいは理解しているかぎりで、われわれは何らかの概念をもっている。

二八　私は自分の精神のなかに好きなように観念を引き起こすことができるし、適切だと思うたびに精神の情景を変えることもできる。意志しさえすれば、すぐにも私の想像力のなかにあれこれの観念が生じるし、この同じ力によって、観念が消されたり、他の観念にとって代わられたりする。このように観念をつくったり壊したりするということがあるからこそ、精神はまことに適切にも能動的と呼ばれる。以上のことは確実であり、経験に基づいている。しかし、「思考しない作用者」とか「意志作用がないのに観念を引き起こす」といった言い方をするとき、われわれは言葉をもてあそんでいるにすぎない。

二九　なるほど私は自分自身の思考を制御する力をもってはいるものの、しかし、この力がどれほどのものであれ、感官によって現に知覚されている観念は、思考のように私の意志に依存しているのではない。昼日中に目を開けるとき、私は見るか見ないかを選択するわけにはいかないし、私の視界にどんな個別的な対象が飛び込んでくるかを決める力ももっていない。聴覚や他の感官についても同様であって、感官に刻印される観念は私の意志の産物ではない。したがって、これらの観念を生みだす何らかの他の意志あるいは心が存在する。(93)

三〇　感官の観念は想像力の観念よりも強力で生き生きとしており判明である。さらには、より多くの堅固さ、秩序そして一貫性を備えている。つまり、人間の意志の結果である観念がしばしばそうであるようにでたらめに引き起こされるのではなく、規則正しい連結や系列をなして引き起こされる。こうした系列の驚くべき配置は、その創造者の知恵と善意をあますところなく立証する。(94) さて、われわれが依存する精神は、われわれのうちに感官の観念を引き起こすにあたって、規則をたて秩序を定めたが、こうした規則や秩序は自然法則と呼ばれる。そして、これらの法則をわれわれは経験によって学ぶ。経験は、事物の通常の経過においてはしかじかの観念にはしかじかの他の観念が付随することをわれわれに教えてくれるからである。

三一　こうしたことを学ぶと、われわれはある種の予見を手に入れ、生活の便益のためにわれわれの行為を規制できるようになる。そして、こうした知識がなければわれわれはいつまでも手探り状態にあることになろう。つまり、感官の快をほんのわずかでも生みだし、感官の苦をわずかでも取り除くためには、どのように行為するのがいいのか分からなくなるだろう。食べ物がわれわれを養い、睡眠がわれわれに生気をよみがえらせ、火がわれわれを暖めるということ、播種期に種をまくと収穫期に取り入れができるということ、一般に、しかじかの結果を手に入れようとすればしかじかの手段が有益だということ――こうしたことすべてをわれわれは、われわれの観念のあいだの必然的結合を発見することによってではなく、確固とした自然法則を観察することによってのみ知る。この観察がなければ、われわれはすべて不確実と混乱に陥るだろうし、人生の諸事においていかに身を処すべきかは、成人といえども生まれたての赤子と同じくらい分からないことになろう。

三二　しかしながら、この首尾一貫した斉一な作品は、これを支配し自然法則を定めようと欲した心の善性と知恵をこれほど明らかに示しているにもかかわらず、われわれの思考はこの心へ向かうのではなく、むしろ第二原因[95]を探し求めて彷徨してしまう。それというのも、感官の観念のあるものが他の観念に恒常的に伴っているのをわれわれは知覚するし、このように伴うのはわれわれがやっていることではないということをわれわれは知っているにもかかわらず、われわれは性急にもろもろの観念そのものに力や作用力を帰して、ある観念を他の観念の原因にしてしまうからである。たとえば、視覚によって何らかの丸くて光る形を知覚し、それと同時に触覚によって熱さと呼ばれる観念ないし感覚を知覚するのを観察すると、ここからわれわれは太陽が熱さの原因であると結論してしまう。これと同様に、物体の運動と衝突に音が付随するのを知覚すると、われわれは後者が前者の結果であると考えがちである。しかし、これほどに馬鹿げていて不可解なことはない。

三三　自然の創造者によって感官に刻印される観念は、ほんとうに存在する事物（real things）と呼ばれており、そして、想像力において引き起こされる観念は、これに比べれば規則的でもないし、生き生きともしていないし、そして恒常的でもないから、観念と名づけるのがより適切だということになっている。つまり、この観念とは事物の似像（images of things）であって、この似像が事物を写し代理する（copy and represent）ことになっている。[96]しかしながら、われわれの感覚はどれほど生き生きとして判明であっても、やはり観念である。すなわち感覚は、精神自身がつくる観念と同じく精神のなかに存在する、あるいは精神によって知覚される。なるほど感官の観念は、精神の産物よりもほんとうに存在する度合いが高い、つまり、より強力で整然としていて首尾一貫している。しかし、だからといって、この感官の観念が精神のそとに存在することにはならない。おまけに、これらの観念がこれらを知覚する〔人間の〕心あるいは思考する実体に依存する度合いは、〔精神の産物に比べると〕低い。感官の観念は他のもっと有能な心の意志によって引き起こされるからである。しかしながら、それでもやはりそれらは観念である。そして、いかなる観念も、弱いにしろ強いにしろ、それを知覚する精神のなか以外に存在できないのは確かである。(97)

三四　先に進む前に、これまで述べてきた原理にたいして寄せられるかもしれない反論に答えておくのは時間の無駄ではないだろう。こうしたことをするのは頭脳明晰な人たちにとってはあまりに冗長に思われるかもしれないけれども、このたぐいの事柄を誰もが等しく理解するとはかぎらないし、私にしてもすべての人に理解してもらいたいと願っているので、このような答弁を許していただきたい。第一にこういう反論が寄せられるだろう、(98)「前述の原理によれば、自然においてほんとうに存在し自存するものすべてが世界から消え去り、それに代わって観念の妄想体系が生じることになる。存在するすべての事物が精神のなかにしか存在しなくなる、つまり、まったく空想上のもの[99]になってしまう。すると、太陽、月そして星はどうなってしまうのか。家、川、山、木、石について、いやわれわれ自身の身体についてさえどう考えなければならないのか。これらはすべてそれぞれ空想力の妄想あるいは幻覚でしかないのか」。この反論にたいして、そしてこれと同じたぐいの他のすべての反論にたいして、私は以下のように答えよう。先述の原理によって、自然におけるたったひとつの事物さえわれわれから奪われはしない。われわれが見て、触って、聞くものはどれも、あるいは、何らかの仕方で考えたり理解したりするものはどれも、相変わらず確実なままだし、相変わらずほんとうに存在する。事物の本性[100]なるものがあるのであって、ほんとうに存在するものと妄想でしかないものの区別は完璧に保持されたままである。このことは第二九、三〇および三三節から明らかである。これらの節においてはまず、妄想つまりわれわれ自身がつくる観念と対立するほんとうに存在する事物ということで何が意味されているのかを指摘しておいたが、しかしその後では、これら両者が等しく精神のなかに存在すること、そしてこの意味ではどちらも観念であることを指摘しておいた。

三五　感官によるにしろ反省によるにしろ、われわれが把握できるものはどれも存在するのであって、私はこうした存在を論駁しているのではない。私が自分の目で見るもの、自分の手で触るものが存在するということ、それもほんとうに存在するということを、私は少しも疑わない。われわれがその存在を否定する唯一のものは、哲学者たちが物質とか物体的実体と呼ぶものだけである。そして、このように否定するからといって、哲学者たち以外の人びとが損害をこうむるわけではない。そうした人びとは、あえて言わせてもらえば、物質などなくてもいっこうに困らないからである。じっさい〔損害をこうむるのは無神論者と哲学者だけであって〕、無神論者は自分の不敬虔を支えるために〔物質という〕空虚な名前を口実にできなくなるだろうし、哲学者たちもおそらく、無駄口や論争のための大きな手がかりを失ったことに気づくだろう。(101)

三六　いまの私の論述によって事物はほんとうに存在しなくなると思う人は、およそ考えうるかぎりきわめて明白な言葉で説明されてきたことをまったく理解していない。そこで、これまで述べてきたことをここで要約しておこう。精神的実体、精神あるいは人間的魂は、それ自身のなかに好きなように観念を意志したり引き起こしたりする。しかしこれらの観念は、感官によって知覚される他の観念に比べて、はかなく、弱くそして不安定である。

後者の観念は、自然の何らかの規則ないし法則にしたがって人間的精神に刻印されるので、この精神よりも強力で賢明な何らかの精神の結果であることが示されるからである。この後者の観念は、ほんとうに存在する度合いが前者の観念よりも高いと言われるが、このことの意味は、後者がより強くわれわれを刺激し、より秩序立っていて、より判明だということ、そして、それらを知覚する精神がつくったわけではないということである。そしてまさにこの意味において、私が昼間に見る太陽はほんとうに存在する太陽であり、私が夜に想像する太陽はこの太陽の観念なのである。ほんとうに存在するということをいま説明した意味で受け取るなら、どの植物も、どの星も、どの鉱物も、そして一般にこの世界じゅうのすべての部分が、何か他の原理によるのと同じくらいわれわれの原理によっても、ほんとうに存在することは明らかである。ほんとうに存在するということに私が意味するのとは違うことを意味させることができるかどうかは、各自が自分の頭のなかを覗き込んで判断していただきたい。

三七　「しかし少なくとも、物体的実体がことごとく奪い去られることになる」と言う人もいるだろう。これにたいしては以下のように答えよう。もし実体という言葉が一般大衆の理解する意味で、つまり、延長、固体性、重さ、そしてこれに類した感覚可能な性質の組み合わせとして受け取られるなら、これを奪い取るという咎でわれわれが非難されるいわれはない。しかし、もし哲学的な意味で、つまり、精神のそとにある偶有性もしくは性質を支えるものとして受け取られるなら、たしかにわれわれはそれを奪い去っていると認めよう。けっして存在しないもの、想像力においてすら存在しないものを奪い取るのは、いっこうにかまわないと言われているからである。

三八　「しかし」とあなたがたは言う、「観念を食べる、観念を飲む、そして観念を着るというのは、まことに耳障りな言い方だ」。たしかにそうだ、と認めよう。普通の言い方では、観念という言葉は感覚可能な性質の組み合わせを表示するために用いられるのではなく、こうした組み合わせはむしろ事物と呼ばれるのであって、言語の馴染みの用法から外れる表現はどれもたしかに耳障りで笑い草に見えるからである。しかし、だからといって、この言い方、つまり「観念を食べる」等々の文章が真でないということにはならない。なぜなら、この言い方は換言すれば、「われわれは自分の感官によって直接に知覚する事物を食べ着る」と述べているだけだからである。一緒に組み合わされるならさまざまな種類の食べ物や衣類になる性質、すなわち硬軟、色、味、暖かさ、形、そしてこれらに類した性質は、これまで指摘したように、これらを知覚する精神のなかにしか存在しない。これらの性質を観念と呼ぶのは、まさにこの「精神のなかにしか存在しない」ということを言いたいがためでしかない。この観念という言葉は、もしも事物という言葉と同じくらい普通に使われるなら、それほど耳障りで笑い草にはならないだろう。私にとって重要なのは、表現が適切であるかどうかよりはむしろ、それが真かどうかなのである。したがって、われわれが食べ飲み着るものは感官の直接的な対象である、つまり、知覚されずには存在できない対象、あるいは精神のそとには存在できない対象である、ということにあなたがたが同意するなら、こうした対象は観念よりはむしろ事物と呼ばれるほうが適切で慣習にかなっていると即座に認めよう。

三九 「慣習にしたがってそうした対象を事物と呼ぶのではなく、観念という言葉を使用するのはなぜなのか」と詰問されるなら、その理由は二つあると答えよう。第一に、事物という術語は、観念とは対照的に、精神のそとに存在する何かを指すと一般に思われているからである。第二に、事物は観念よりもその意味するところが広い、つまり、観念だけでなく心すなわち思考する事物をも含むからである。したがって、感官の対象は精神のなかにしか存在せず、さらには、思考せず非能動的なのだから、この思考せず非能動的という特性を含意する観念という言葉でその対象を表わすことにしたのである。

四〇　しかし、どれほど言い聞かせても、こんなふうに言い返したくなる人もいるだろう、「私はやはり自分の感官を信頼するだろうし、どれほどもっともらしい議論であろうとも、感官の確実性をしのぐことなどありえないと思う」。たしかにそのとおりである。感官の証言をどれほど尊重してもかまわない。われわれも同じことをするにやぶさかではない。私が見て聞いて触るものが存在するということ、つまり、私によって知覚されているということ――このことをわれわれは、自分自身の存在と同じくらい疑えない。しかし、感官の証言が、感官によって知覚されていない事物の存在証明になるのはどうしてなのか――これが私には分からない。われわれはなにも、誰かを懐疑主義者にしたいわけではない、つまり、彼の感官を疑わせようとしているのではない。むしろ逆であって、およそ考えうるかぎりの重要性と確実性を感官に付与しようとしているのだ。われわれがこれまで述べてきた原理ほどに懐疑主義に対抗する原理はないのであって、これについては後ほど(102)明示することにしよう。

四一　第二にこういう反論が寄せられるだろう、「たとえば現実の火と火の観念には大きな違いがある、つまり、自分自身が火傷をする夢を見たり想像したりするのとじっさいに火傷をするのとでは大違いである」[103]。この反論やこれに類した反論が、われわれの主張に反対するために持ち出されるかもしれない。これらすべてにたいする答弁は、これまですでに述べてきたところから明らかであるし、ここでは次の点を付記するだけにしておこう。もし現実の火が火の観念ときわめて違うのであれば、その火が引き起こす現実の痛みもまたその同じ痛みの観念ときわめて違うことになる。しかしながら、「現実の痛みがその痛みの観念と同様に、知覚しない事物のなかに、つまり精神のそとに存在する、あるいは存在できる」などとは誰も言わないであろう。

四二　第三にこういう反論が寄せられるだろう、「われわれは事物をわれわれのそとにじっさいにあるものとして、あるいは、われわれからじっさいに離れたものとして見る。したがって、これらの事物は精神のなかに存在するのではない。なぜなら、数マイルも離れたものとして見られる事物が、われわれ自身の思考と同じくらい近くにあるというのは馬鹿げているからである」。これに答えるには、以下のことを考えてもらえばいいだろう。すなわち、夢のなかでわれわれはしばしば事物をたいへん遠くに離れたものとして知覚するが、しかしそれにもかかわらず、これらの事物は精神のなかにしか存在しないと認められている。

四三　しかし、この論点をもっと明確にするために、われわれが視覚によって距離を知覚するのはいかにしてなのか、つまり事物が離れたところにおかれていると知覚するのはいかにしてなのかを考えてみる必要がある。それというのも、もしわれわれがほんとうに外的な空間を見るとするなら、つまり、物体がこの空間のなかに遠近の差はあれじっさいに存在するのを見るとするなら、物体が精神のそとのどこにも存在しないということについてこれまで言われてきたことはいくらか論駁されるように思われるからである。この困難を考察するというのが、つい先ごろ公刊された拙著『視覚新論』の発端であった[104]。この著作で指摘しておいたように、離れているとか外部にあるということそれ自体は、視覚によって直接に知覚されるのでもなければ、線や角によって、あるいはこの線や角と切り離せない何か[105]によって把握され判断されるのでもなく、むしろ、何らかの目に見える観念つまり視覚に伴う感覚によってわれわれの思考に示唆されるにすぎない。こうした観念や感覚は、それ自身の本性においては、距離あるいは離れておかれた事物とまったく似てもいなければ、いかなる関係ももっていないのだが、しかし、経験がわれわれに教える結合によって、距離とか離れた事物をわれわれに表示したり示唆したりするようになる。これはちょうど、何らかの言語の言葉はそれが代理することになっている観念を示唆するのとまったく同様である。[106] したがって、盲目に生まれて後に開眼した人は、最初に見たときすぐに、自分の見ている事物が自分の精神のそとにある、あるいは自分から離れているとは思わないだろう。[107] 前掲拙著の第四一節を参照されたい。

四四 視覚の観念と触覚の観念は、互いにまったく区別される異質な二つの種である。[108] 前者は後者の印にして予兆である。視覚に固有な対象が精神のそとに存在するのでもなければ、外的な事物の似姿でもないことは、先の論考においてすら指摘されていた。[109] ただしこの論考では、これとは正反対のことが触覚の対象について当てはまると一貫して想定されている。そうしたのは、この通俗的な誤謬を想定することがそこで述べられている考えを確立するために必要だったからではなく、視覚を主題とする論述でその誤謬を吟味し論駁することは私の目的には入っていなかったからである。したがって、われわれが視覚の観念によって距離をとらえるとき、つまり事物が離れたところにおかれていると把握するとき、この観念は厳密に言うなら、じっさいに離れて存在する事物をわれわれに示唆したり指示したりするのではなく、しかじかの時間が経ったら、そして、しかじかの行為の結果としていかなる触覚の観念がわれわれの精神に刻印されることになるのかをわれわれに気づかせるにすぎない。あらためて言うなら、本書の既述の部分、ならびに視覚にかんする先の論考の第一四七節、その他のところで述べておいたことから明らかなように、目に見える観念とは、われわれが依存しわれわれを支配する精神が使う言語である、つまり、われわれが自分自身の身体をしかじかに動かすなら、その精神がいかなる触れることのできる観念をわれわれに刻印しようとしているのかをわれわれに知らせるための言語なのである。[110] しかし、この点をもっと詳しく知りたいのであれば、前掲の論考そのものを参照していただきたい。

四五 第四にこういう反論が寄せられるだろう、「前述の原理からすれば、事物はたえまなく絶滅しては新たに創造されることになる。感官の対象は知覚されるときにのみ存在する。だから、木々が庭に存在し、椅子が談話室に存在するのは、それらを知覚する誰かが傍に存在するあいだだけのことである。私が自分の目を閉じれば、部屋の家具はすべて無に帰するし、目を開けるだけで、それらはまた創造されることになる」。これらすべてに答えるにあたって私は、第三節、四節等々で述べられたことを参照するようにと読者に申し上げたい。そして、〈ある観念がじっさいに存在する〉という言い方によって、〈その観念が知覚されている〉ということから区別される何かを意味できるかどうかを考えていただきたい。私はと言えば、できるかぎり綿密に探究した後でさえ、この言い方で〈その観念が知覚されている〉ということとは別の何かが意味されるとはとても思えない。そしていまいちど読者にお願いしたいのだが、自分自身の頭のなかをよく調べて、言葉に騙されないようにしていただきたい。もし読者が、自分の観念あるいはその原型は知覚されずとも存在することは可能だと考えることができるのなら、私は降参しよう。しかし、もしそう考えることができないというのであれば、自分でも何であるか分からないものを擁護すること、そして、ほんとうは何の意味もない命題に同意しないことに不合理の烙印を押して私を非難することは，理にかなわぬことだと認めるであろう。

四六 哲学でいま流布している原理そのものが、まさにこの不合理の廉でどれほど咎められることになるのかを見るのは的外れではないだろう。[111] 私が瞼を閉じると、私のまわりの目に見える対象はすべてたちまち無に帰するだろうなどと言えば、これはまことに不合理なことだと考えられている。しかしながら、このことこそ哲学者たちによって広く認められていることではなかろうか。すなわち彼らはこぞって、視覚の固有にして直接的な唯一の対象である明るさと色が、知覚されているあいだしか存在しないたんなる感覚であることに同意しているからである。[112] さらに、事物がたえまなく創造されているというのは、ある人びとにとってはおそらくとても信じがたいことに思われるだろう。けれども、まさにこの考え方はスコラ哲学ではごく普通に教えられていることである。それというのも、スコラ哲学者たちは、物質が存在すること、そして、世界の機構全体が物質からつくられていることを承認しているにもかかわらず、物質は神による保存なしには存続できないという意見をもっていて、これを連続的創造[113]だと説明しているからである。

四七 さらに、少々考えてみれば明らかになるように、たとえわれわれが物質つまり物体的実体の存在を認めるとしても、いかなるたぐいの個別的物体も知覚されていないあいだはおよそ存在しないということが、いま広く認められている原理からかならず帰結するだろう。その理由は以下のとおりである。第一一節およびそれ以降の節から明らかなように、われわれの感官によってとらえられる物体は個別的性質によって互いに区別されるのに、哲学者たちが擁護する物質なるものはこうした性質をまったくもたない理解不可能な何かである。この点をもっと明瞭にするために、物質の無限分割可能性について述べておこう。物質の無限分割可能性は、少なくともきわめて評判のいい傑出した哲学者たちによっていま広く認められている。彼らは、この無限分割可能性をいま流布している原理に基づいていかなる例外も許さずに証明するからである。ここから帰結するのは、物質のどの粒子にも、感官によって知覚されない無限数の部分があることである。したがって、どの個別的物体も感官にとって有限な大きさをもっていると思えること、つまり感官に有限数の部分しか示さないということの理由は、その物体がそれ以上の数の部分を含まないということではない。なぜなら、その物体はそれ自体においては無限数の部分を含むからである。その理由はむしろ、感官がそうした無限数の部分を見分けるのに十分なほど鋭敏ではないということである。それゆえ、感官がもっと鋭敏になるにつれて、それに比例して感官は対象のなかにもっと多くの数の部分を知覚する、つまり、対象はもっと大きなものとして現われる。そして、対象の形も変化する。なぜなら、対象の端にある部分のうち、以前は知覚不可能であった部分はいまや、もっと鈍重な感官によって知覚されていたのとはまったく違う線や角によってその対象の境界を限定するように現われるからである。そして、大きさや形がさまざまに変化した後で、ついに感官が無限に鋭敏になるとき、当の物体は〔大きさと形にかんして〕無限であることになるだろう。こうした過程のすべてにおいて、変化しているのはその物体ではなくて、感官だけである。したがって、それ自体において考察されるどの物体も、無限に延長しており、したがってあらゆる形を欠くことになる。ここから以下のことが帰結する、すなわち、たとえわれわれが物質の存在をどれほど確実なものとして認めるにしても、それに劣らず確実なことに、物質論者たち自身は彼ら自身の原理によって、感官によって知覚される個別的物体も、それらに似た何かも、精神のそとには存在しないということを承認せざるをえない。言わせてもらうが、彼らによれば、物質および物質のどの粒子も無限で無形（infinite and shapeless）であって、目に見える世界を構成する多様な物体すべてを形成するのは精神にほかならない。これらの物体のどれひとつとして、知覚されるあいだしか存在しないからである。[114]

四八　よく考えてみるなら理の当然のこととして判明するように、第四五節で提起された反論はわれわれが前提した原理に向けられるのではないし、まして、われわれの考え方すべてにたいする反論になるわけではない。それというのも、なるほど感官の対象は知覚されずには存在できない観念でしかないとわれわれは主張するものの、しかしだからといってここから、それらの対象はわれわれによって知覚されるあいだだけ存在すると結論するわけではないからである。なぜなら、われわれが知覚しないとしても、そうした対象を知覚する何か他の精神が存在しうるからである。物体は精神のそとには存在しないと言われる場合はいつでも、私はあれこれの個別的な精神ではなく、およそすべての精神のことを言っていると理解していただきたい。[115]したがって、前述の原理からは、物体がたえまなく絶滅しては創造されるということ、あるいは、物体についてのわれわれの知覚が中断しているあいだまったく存在しないということは帰結しない。

四九 第五におそらくこういう反論が寄せられるだろう、「もし延長や形が精神のなかにしか存在しないなら、精神は延長していて形をもつことになる。なぜなら、延長は様態や属性であって、この様態や属性というのは、(スコラ哲学の言い方をするなら) 自分がそこに内在する基体 (subject) に述語として付与される (predicated) からである」[116]。この反論には以下のように答えよう。こうした性質が精神のなかに存在するのは、それらが精神によって知覚されているかぎりでのこと、すなわち、様態や属性という仕方によってではなく、ただ観念という仕方によってのみである。そして、赤や青といった色は精神のなかに存在するのであって、それ以外のどこにも存在しないことがこぞって認められているからといって、精神が赤かったり青かったりするわけではないのと同様に、延長が精神のなかにのみ存在するからといって、心や精神が延長していることにはならない。哲学者たちが基体と様態について語っていることにかんして言えば、それはまったく無根拠で理解不可能であるように思われる。たとえば、「さいころは硬くて、延長していて、四角い」という命題の場合、彼らに言わせれば、さいころという言葉は、この硬さ、延長、そして形から区別される基体あるいは実体を指していて、これらの硬さ等はこの基体ないし実体に述語として付与され、そしてこのなかに存在することになっている。こんなことは私には理解不可能である。私にとってさいころは、これの様態あるいは偶有性と呼ばれている事物から区別されるとは思われない。つまり、「さいころは硬くて、延長していて、四角い」と語ることは、〈こうした性質から区別され、こうした性質を支える基体〉にこれらの性質を属性として帰することではなく、さいころという言葉の意味を説明しているにすぎない。

五〇　第六に、あなたがたはこう言うだろう、「物質と運動によってきわめて多くの事物が説明されてきた。これら物質と運動を取り去れば、粒子哲学[17]のすべてを破壊することになる、つまり、現象の説明に適用されて多大の成功をおさめてきた機械的原理を掘り崩すことになる。要するに、自然研究において古今の哲学者たちによって成し遂げられてきたいかなる進歩も、物体的実体あるいは物質がほんとうに存在するという想定に基づいている」。これにたいして私は次のように答えよう。個別的事例を引き合いに出せば容易に明らかになるように、この想定に立って説明される現象はどれも、この想定がなくても同じくらいうまく説明できる。現象を説明するということは、しかじかの機会にわれわれがしかじかの観念をもつようになるのはなぜなのかを示すこととまったく同一である。しかし、いかにして物質が精神にはたらきかけ、精神のなかに観念を生みだすのかは、いかなる哲学者もあえて説明できると言い張りはしない。したがって、自然哲学において物質が無用であることは明らかである。さらに、事物を説明しようと試みるにあたっては、物体的実体ではなく、形、運動そしてこれら以外の性質を用いるしかないであろうが、しかし、これらはじつのところたんなる観念にすぎないのであって、したがって、すでに第二五節で指摘したように、何らかの事物の原因ではありえない。

五一　ここまで言うと、第七にこう問われるかもしれない、「自然的原因を取り去って、あらゆる出来事を精神の直接のはたらきのせいにするのは馬鹿げているように思えないだろうか。これらの原理によれば、火が温めるとか水が冷やすと言ってはならず、精神が温める等々と言わざるをえなくなる。こんなふうに語る人は嘲笑われて当然ではなかろうか」。これにたいしては、こう答えよう。たしかに彼は笑い物になるだろう。こうした事柄においてわれわれは、識者のように考え一般大衆のように語る[118]べきである。コペルニクスの体系が真であることを文句なしに確信している人びとですら、「太陽が昇る、太陽が沈む、あるいは、太陽が子午線に届く」という言い方をする。それなのに、彼らが外連味(けれんみ)たっぷりにこれと反対の言い方をするなら、それは間違いなくたいへんな失笑をかうことになるだろう。これまで言われたことをちょっと考えてみるだけで明らかなように、われわれの主張を認めたとしても、言語の普通の用法はいささかの変更も動揺もこうむらない。

五二　何らかの言い方が厳密で思弁的な意味で解されるならどれほど偽と思われようとも、しかし、日常生活においてわれわれのうちに適切な意見を喚起するかぎりで、つまり、われわれの安寧のために必要な振る舞い方を呼び起こすかぎりで、そうした言い方をしてもいっこうにかまわない。いやそれどころか、〔言語使用の〕適切さというのは慣習によって決まるがゆえに、言語はかならずしも真ではない流布した意見に迎合するのであるから、私の言い方が偽と思われるのもいたしかたないことである。したがって、どれほど厳格で哲学的な推論においても、揚げ足取りの連中に難点とか撞着の口実を与えないために、われわれが語る言語の傾向や特質を変えるというのは不可能なことである。しかし、公正で率直な読者であれば、ある論述の目的、そこへもっていく筋道、そしてそれら筋道の組み合わせから〔筆者が〕言わんとするところを汲みとって、言語使用が避けるわけにはいかなかった不正確な言い方を寛恕してくれることだろう。

五三　物体的原因が存在しないという意見にかんして言うなら、これはスコラ哲学者たちの幾人かによってこれまで主張されてきたばかりでなく、現今の哲学者たちによっても言われていることである。[119] つまり彼らは、物質が存在するということを認めているけれども、それにもかかわらず、神だけが万物の直接的な作用因だと主張する。これらの人たちが見てとったところによると、感官のどの対象をとってみても、そのなかに力や活動を含むものは何もない。したがって、感官の直接的な対象だけでなく、精神のそとに存在すると彼らが想定するいかなる物体もまた、力や活動を含まない。しかしそうなると、彼らが想定する数え切れないほど多数の被造物は、自然のなかにいかなる結果も生みだせないと彼ら自身が認めるだろう。したがって、これらの被造物はなんの役にも立たないのに創られたことになる。なぜなら神は、こうした被造物がなくとも、あらゆることをうまくやってのけたからである。言わせてもらうが、このような想定は、たとえ可能だと認めるにしても、きわめて不可解で法外であるにちがいない。

五四 第八にこう考える人がいるかもしれない、「人類があまねく一致して同意しているという事態は、物質を擁護する論拠、つまり外的な事物が存在することを擁護する無敵の論拠である。世間の人たちがすべて間違っている、とわれわれは想定しなければならないのか。そして、もしそうなら〔第九に〕[120]、これほどに流布して優勢な誤謬の原因を挙げてほしいものだ」。これには次のように答えよう。〔第八反論に答えることにして〕まず第一に、入念に調べてみればおそらく分かるように、物質が存在すること、あるいは、事物が精神のそとに存在することをほんとうに信じている人たちは、〔反論者が〕思い込んでいるほどに多くはない。厳密に言えば、矛盾を含むもの、あるいは、無意味なものを信じるのは不可能である。そして、〈物質が存在する、あるいは、事物が精神のそとに存在する〉という先の表現がこのたぐいのものでないかどうかは、読者の公平な吟味にゆだねることにする。なるほど、ある意味では、物質が存在すると信じるという言い方を人びとはしてもかまわない。すなわち、彼らの振る舞いを見れば分かるように、彼らの感覚の直接的な原因、つまり、たえまなく彼らに刺激を与え、こうする点で彼らにきわめて身近に現前する原因は、感官をもたず思考もしない何らかの存在者だとみなされている。しかし、〈感官をもたず思考もしない何らかの存在者〉というこれらの言葉が意味するところを彼らが明らかに理解し、この理解に基づいてきちんとした思弁的な見解を表明できるとはとても思えない。ある命題にほんとうは何の意味もないのに、しばしば耳にしたことがあるというだけで、その命題を真だと思い込んで騙されるのは、これにかぎったことではない。

五五 しかし第二に、何らかの考え方がどれほどこぞって執拗に固持されていると認められようとも、そうした執着はその考え方が真であることの論拠としてはまことに薄弱である。人類のうちの無思慮な連中（こちらの方がはるかに多い）によってどれほど多大の偏見や謬見がいたるところできわめて執拗に抱かれたかを考慮する人たちは誰でも、そのように判断する。かつて対蹠地や地球の運動は奇怪な不合理とみなされていた。識者ですらそう思っていた。そして、識者が人類の残りの連中よりもどれほど少ないかを考えてみるなら、この対蹠地や地球の運動という考え方が今日にいたるまで世間でほんのわずかの支持しかえなかったのも当然なのである。

五六 しかし〔第九反論として〕、この偏見の原因は何か、この偏見が世間で広まっているのはなぜなのかと問われている。これには次のように答えよう。知覚される観念の多くは内側から引き起こされるわけでもなければ、意志のはたらきに依存しているわけでもないから、これらの観念はわれわれ自身が創ったわけではない。人びとはこのことを知ると、こうした観念あるいは知覚の対象は精神に依存せず、精神のそとに存在すると主張してきたが、しかし、〈観念が精神に依存せず、精神のそとに存在する〉というこれらの言葉に矛盾が含まれるということは夢想だにしなかった。しかし哲学者たちは、知覚の直接的な対象が精神のそとに存在するのではないことを明確に見てとったから、一般大衆のこの誤謬をいくらか訂正したものの、しかしそれにもかかわらず、今度はそれに劣らず不合理と思われる別の誤謬に陥っている。すなわち、何らかの対象が精神のそとにほんとうに存在している、あるいは、知覚されることから区別されて自存しているのであり、われわれの観念はこうした対象によって精神に刻印されたからには、この対象の似像あるいは類似物でしかない、と考えてしまった。そして、哲学者たちのこうした考え方は一般大衆のそれと同じところに起因している。つまり、哲学者たちは自分自身の感覚を創ったわけではないことを自覚しているから、彼らが明白に知るところによれば、こうした感覚は外側から刻印されたのであり、したがって、当の感覚が刻印されている精神から区別される何らかの原因をもっているにちがいない、というわけである。

五七　したがって、哲学者たちの想定によれば、感官の観念はそれと似ている事物によってわれわれのうちに引き起こされる。しかし、精神だけが能動的に作用できる。それなのに、彼らがこの精神に訴えないのはなぜだろうか。このことを説明する理由は第一に、われわれの観念に似ている事物が外側に存在すると想定したり、そうした事物に力や活動を帰したりするのは矛盾であることに[121]彼らが気づいていないからである。第二に、最高の精神は、われわれの精神のなかにそうした感官の観念を引き起こすにもかかわらず、感覚可能な諸観念の個別的で有限な集合によって表示され限定されて目に見えるようにはならないからである。つまり、われわれ人間のような作用者なら、その大きさ、顔色、四肢そして運動によって表示され限定されるであろうが、しかし最高の精神はそのような在り方をしていない。そして第三に以下の理由がある。この最高の精神のはたらきは規則的で斉一的である。自然の経過が奇蹟によって中断されると、人びとはすぐにも〔自然よりも〕もっとすぐれた作用者が現前していると認めてしまう。しかし、事物が通常の経過をたどっているのを見てとると、われわれはあらためて深く考えようとはしない。事物が秩序正しく連結しているということは、そうした事物を創った存在者の全知、全能そして最善を証しするにもかかわらず、きわめて一定不変でわれわれに馴染みなものだから、われわれはそうした事物が自由な精神の直接的な結果だとは考えない。とりわけ、一定不変ではなく移り気なはたらきは、不完全性であるにもかかわらず、自由の印とみなされているからである。

五八 第一〇にこういう反論が寄せられるだろう、「あなたが提起している考えは、哲学や数学におけるかなりの健全な真理と折り合いがつかない。たとえば、地球が運動するというのは、いまではどの天文学者たちによっても、きわめて明晰かつ納得できる根拠に基づく真理と認められている。しかし、前述の原理によれば、そうした地球の運動はありえない。それというのも、運動は観念でしかないのだから、もしそれが知覚されなければ存在しない、しかるに地球の運動は感官によって知覚されないからである」。これにはこう答えよう。この〔地動説の〕学説は、正しく理解されるなら、われわれが前提した原理と一致することが判明するだろう。それというのも、地球が運動するかどうかという問題はじつは、これまで天文学者たちによって観察されてきたことから次の帰結を、すなわち、もしもわれわれがしかじかの状況に、つまり、地球と太陽の双方から離れたしかじかの位置におかれるとするなら、地球が惑星の聖歌隊のなかを運動して、それら惑星のひとつとまったく同じに見えるのを知覚する、という帰結を引き出せるのかという問題にほかならず、そしてこの帰結は、疑う余地のない確固とした自然の規則によって、そうした観察された現象から理の当然のこととして推論されるからである。(122)

五九　われわれは自分の精神のなかで連続的に継起する観念を経験してきた。われわれはこの経験から出発して、一連の多くの行為の後でどのような観念をもつことになるのかを、けっして不確実に推測するのではなく、確実かつ十分な根拠に基づいてしばしば予測できる。つまり、現在おかれている状態とはまったく違った状態におかれた場合われわれに何が現われてくることになるかを、正しく判断できるようになる。自然にかんする知識の本領もまさにここにあるのだし、その有用性と確実性もこれまで語られてきたこととまったく矛盾しない。星の大きさ、あるいは、天文学や自然におけるそれ以外の発見から出てくるかもしれないこれに類した反論に以上の答えを適用するのは、容易なことであろう。

六〇　第一にこう問われるだろう、「〔もしあなたが正しいのなら、〕植物の込み入った有機的組織や動物の諸部分〔器官〕の驚嘆すべき機構（mechanism）は何の役に立つのか。きわめて精妙につくられ組み合わされたじつに多様なこれらの内的部分がなくても、植物は成長し葉や実をつけ、動物はそのすべての運動をやってのけることになるのではないか。なにしろこうした内的部分は、観念であるからにはいかなる力やはたらきといったものをも内在させておらず、この部分に帰される結果といかなる必然的な結合ももっていないからである。もしも、あらゆる結果を「あれ」[123]によって、つまり意志の作用によって直接に生みだすのはまさに精神にほかならないとすれば、人間の作品であれ自然のそれであれ、あらゆる作品における精巧で巧みなものはすべて無駄につくられたと考えざるをえなくなる。ある巧匠が時計の発条、歯車そしてあらゆる可動部品をつくり、自分の意図した運動を生みだすようにそれらを調整したとしてみよう。しかしながら、あなたの学説によれば、これらすべての作業は無駄であったと考えざるをえなくなる。この時計の針を動かして、一日の時間を知らせてくれるのは何らかの知性体だからである。もしそうなら、当の巧匠がわざわざそれらの可動部品をつくって組み合わせることなどしなくてもいいのだから、この知性体が針を動かす等のことをやってなぜいけないのか。空の箱だって、そうではない箱と同じくらい役に立つのではないか。そして、時計の動きに障害がある場合はつねに、それに対応した何らかの不具合が可動部品に発見されて、この不具合が巧匠の手によって修復されれば万事復旧するのに、あなたの学説ではどうしてこうなるのか。これと似たことは、その大部分が最良の顕微鏡でも見分けがつかないほど素晴らしく精巧で巧妙な自然という時計仕掛けすべてについて言えるだろう。以上の問いを簡潔に言えば以下のようになる。きわめて巧みにつくられた数え切れないほど大量の物体や機械装置（machines）は、世間で通用している哲学ではまことに適切な用途を指定してもらい、おびただしい現象を説明するのに役立っているにもかかわらず、あなたの原理によるなら、どのようにすればそうした物体や機械装置を納得できるように説明できるのか、つまりは、それらの目的因を提示してもらえるのか」。

六一　以上のすべてにたいして私はこう答える。第一に、摂理の運営にかんして、つまり摂理によって自然のいろいろな部分に割り当てられている用途にかんして何らかの困難があり、この困難を私は先述の原理によっても解消できないにしても、この反論は、最上の明証性をもってアプリオリに論証されていることの真理と確実性を覆すほどの重みをもつことはないだろう。しかし第二に、流布している原理にしたところで同じ困難を免れているわけではない。それというのも、神ならば、道具や機械装置がまったくなくてもおのれの意志の命令だけでさまざまな事物を引き起こしたであろうことは誰も否定できないのに、神はいったい何のためにそうした仕掛けによって事物を引き起こすなどという回りくどい方法をとるのかと問われるからである。いやそれどころか、〔第三に〕[124]もし綿密に考察するなら、この反論は、そうした機械装置が精神のそとに存在すると主張する人びとにもっと強力に投げ返されることが分かるだろう。なぜなら、すでに明らかになったように、〔この機械装置の〕固体性、嵩、形、運動等々はいかなる活動も効力も備えておらず、したがって自然のなかにたった一つの結果さえ生みだせないからである。第二五節を参照せよ。したがって、そのような機械装置が知覚されないのに存在すると想定する人は誰でも（かりにその想定が可能であるとしても）、明らかに何の役にも立たない想定をしていることになる。なぜなら、知覚されずに存在することになっている機械装置に何らかの用途が割り当てられるとすれば、それは知覚可能な結果を生みだすということでしかないであろうが、しかしこの結果はじつは精神にのみ帰されうるからである。

六二　しかし、〔第一一反論で指摘された〕困難をもっと詳細に見るなら、あの部分や器官すべてを組織することは、何らかの結果を生みだすために絶対に必要であるわけではないにしても、しかし、自然の法則にしたがって、恒常的で規則的なやり方で事物を生みだすためには必要であると言わねばならない。自然的結果の系列すべてを貫通する確実で普遍的な法則が存在する。これらの法則は自然の観察と研究によって知られるようになり、生活にとって有用で彩りを添える技巧をこらした事物をつくるためにも、さまざまな現象を説明するためにも人びとによって用いられる。この説明の本領とは、個々の現象が普遍的な自然法則と一致するのを示すこと、あるいは、同じことであるが、自然的結果の産出において存在する斉一性を明らかにすることにのみあるからである。この点は、哲学者たちが現象の説明と称しているいろいろな事例に注目してみれば、誰の目にも明白であろう。最高の作用者によって維持されているこうした規則的で恒常的なはたらき方にはすぐに目につくたいへんな有用性があることは、第三一節ですでに示しておいた。そして、これに劣らず明らかなことに、部分の個別的な大きさ、形、運動そして配置は、何らかの結果を生みだすのに絶対に必要ではないにしても、自然の恒常的で機械的な法則にしたがって結果を生みだすのにはやはり必要である。そこでたとえば、神は、すなわち事物の通常の成り行きを維持し支配する知性体は、もしも奇蹟を生みだす気になれば、時計の可動部品をつくって時計のなかにそれを入れる人がまったくいなくても、時計の文字盤のうえにありとあらゆる運動を引き起こす[125]こともできるだろう。しかしながら、創造において神によって賢明な目的のために確立され維持されている機構の規則にしたがって神が行為しようとするのなら、可動部品をつくりそれらを正しく調整する時計師の行為は、先述の〔文字盤上の〕運動の産出に先行する必要がある。これは、これらの運動に不具合がある場合にもつねに、それに対応した可動部品の何らかの不具合が〔時計師によってまず〕知覚されて、〔その後で〕この不具合を正すことによって万事復旧する必要があるのとまったく同様である。

六三　事物の通常の系列をはずれた何らかの現象を生みだすことで、自然の創造者がみずからの圧倒的な力を誇示するというのは、なるほどときには必要かもしれない。自然法則からのこうした逸脱は、人びとを驚愕畏怖させて神的存在者を承認させるのに格好だからである。しかしその場合、こうした例外はほんのたまに使われるべきである。さもなければ、こうした驚愕畏怖の効果をあげないことは明白だからである。おまけに神は、自然の作品によってみずからの属性をわれわれの理性に納得させる方をむしろ選ぶように思われる。自然の作品は、そのように納得させるに足るだけの調和と工夫をその出来栄えにおいて披瀝し、その創造者の知恵と善意をあますところなく示しているからである。

六四　この問題をもっと明確にするために、第六〇節の反論はじつは以下のことに尽きると言っておこう。「観念はでたらめで無秩序なやり方で生みだされるのではない。観念間には、原因と結果の秩序や結合に似た何らかの秩序や結合があるからである。さらには、きわめて規則的で巧妙な仕方でつくられた諸観念の組み合わせもたくさんある。こうした組み合わせはそれぞれ自然の手になる道具のようなものであって、それ自身は哲学者の注意深い目にのみ見分けがつくゆえに、いわば舞台の背後に隠れてひそかにはたらき、世界という劇場で見物できる現象を生みだす。しかしながら、ある観念が別の観念の原因ではありえないのだから、あの結合は何の役に立つのか。さらに、あの道具にしても、それは精神のなかで知覚されるものにすぎず、いかなる結果も生まないのだから、自然的結果を生みだすには役立たない。したがって、なぜこうした道具がつくられたのかが問われることになろう。換言すれば、われわれが神の作品を間近に覗き込んで、これほどまで規則に合致して巧妙に組み合わされたじつに多様な観念を見てとるようにと、神はなぜわれわれをけしかけるのか。神がこうした技巧と規則性といった（こう言ってよければ）手間をかける無駄をするとはとうてい信じがたいからである」。

六五　以上すべてにたいして私はこう答える。第一に、観念間の結合は原因と結果の関係を含まず、印あるいは記号とそれによって表示されるものとの関係しか含まない。私が見ている火は、私がそれに近づくとこうむる痛みの原因ではなく、痛みを私にあらかじめ警告する印である。これと同様に、私が聞く騒音は、周囲の物体のあれこれの運動や衝突の結果ではなく、そうした運動や衝突の記号である。第二に、なぜ観念が機械装置に、すなわち、巧妙で規則的な組み合わせへと形成されるのかという理由は、文字が組み合わされて言葉になる理由と同じである。もともと与えられていた少数の観念がおびただしい結果や行為を意味するようになるためには、それらがさまざまに組み合わされねばならない。そして、これらの組み合わせが恒常的かつ普遍的に使われるためには、それらの観念は規則にしたがって、賢明な工夫を伴って組み合わされねばならない。このようにしてわれわれは、しかじかの行為から何を期待できるか、そして、しかじかの観念を引き起こすためにはいかなる方法をとるのが適切であるかにかんして、じつに多くのことを教えてもらうことになる。物体（自然的であれ人工的であれ）の内的部分の形、肌理そして機構を見分けることによって、われわれはそうした形等々に依存する事物のさまざまな用途や特性を知るようになる、あるいは事物の本性さえも知るようになると言われるとき、私がはっきりと理解できるのはじつは以上のことでしかない。

六六 ここから明らかになるように、結果を生みだすためには何らかの原因が協働し協力すると考えてしまえば、いろいろな事物がまったく説明がつかず、われわれをたいへんな不合理へ陥らせてしまう。しかし、もしそれらがわれわれにいろいろと教えてくれる印や記号とのみみなされるなら、きわめて自然に説明がつき、適切で明白な用途をあてがってもらえるようになる。そして、自然哲学者の任務とは、自然の創造者によって制定されたこうした記号を探し求め、それを理解するよう努めることであって、物体的原因によって事物を説明すると言い張ることではない。後者の学説に立ったからこそ、人びとの精神は、われわれがそのなかで生き、動きそして存在する[126]能動的原理、つまり、至高の賢明な精神からあまりに遠く隔たってしまったと思われる。

六七[127] 第一二に、ひょっとしたらこういう反論が寄せられるかもしれない、「精神のそとに存在する、不活発で、感官を欠いていて、延長し、固くて、形をもっており、運動できる実体といったような事物、つまり、哲学者たちが物質として記述するような事物が存在できないことは、たしかに、これまで述べられてきたことから明白である。しかしながら、物質の観念から延長、形、固体性そして運動という肯定的(positive)観念を除外して、この物質という言葉が意味しているのは、不活発で感官を欠いた実体だけだとしてみよう。そして、これは精神のそとに存在する実体、つまり知覚されずに存在する実体であり、われわれの観念の機会[128]になる、すなわち、神はこの実体に直面すると、われわれのうちに観念を引き起こすことをよしとするのだとしてみよう。もしそうだとするなら、この意味での物質はやはり存在しうる」。これにたいして私は以下のように言う。第一に、実体のない偶有性を想定するのもおかしなことだが、偶有性のない実体を想定するのは、それに劣らずおかしなことと思われる。しかし第二に、この知られていない実体がひょっとしたら存在するかもしれないと認めるにしても、それはどこに存在すると想定されうるのか。これが精神のなかに存在しないということは、承認されている。そして、それが場所のなかに存在するのではないことも、それに劣らずたしかである。なぜなら、延長[129]というのはすべて、これまですでに論証されたように、精神のなかにしか存在しないからである。したがって、この実体はそもそもどこにも存在しないことになる。

六八　物質についてここでわれわれに与えられている記述をちょっと吟味してみよう。この記述によれば、物質とは不活発で、感官を欠いていて、知られていない実体である。[130]これをそのまま受けとれば、物質とは作用せず、知覚せず、知覚されていないものでしかない。しかるに、この定義は否定接辞（negative）がついた言葉だけで出来上がっていて、この否定から逃れているのは、「物質は〜の下に立っている」あるいは「物質は〜を支える」といった相対的な概念でしかない。[131]しかしそうなると、物質が支えるものは無であると言わざるをえなくなるし、こうした記述が「そもそも存在しないもの」の記述にどれほど近づくのかを考えてほしいものである。[132]「しかし」とあなたがたは言うだろう、「物質とは知られていない機会であって、神がこの機会に直面すると、その意志によってわれわれのうちに観念が引き起こされる」。[133]そこで私はあなたがたに問いたい。感官によっても反省によっても知覚されえないもの、われわれの精神のなかにいかなる観念も生みだせないもの、延長してもいなければ、形ももたず、どの場所にも存在していないもの——われわれはこうしたものにどのようにして直面しうるのか。このように使われる「直面する」という言葉には、私には理解できない何か抽象的で奇怪な意味しかないにちがいない。

六九　さらに、機会が何を意味するのかを吟味してみよう。言語の慣用から推測するかぎり、この言葉が意味するのは、事物の通常の経過において何らかの結果を生みだす作用者か、さもなければ、この結果に伴うないしは先行するのが観察される何かである。しかしこの言葉は、先に記述されたような物質に適用されるとき、これらの意味のどちらにおいても受けとりかねる。それというのも、物質は受動的で不活発だと言われているのだから、〔前者の意味での〕作用者あるいは作用因ではありえないからだし、また、あらゆる感覚可能な性質を欠いているがゆえに知覚されえないのだから、たとえば私の指の火傷がこれに伴う痛みの機会であると言われるような後者の意味で、われわれの知覚の機会でもありえないからである。したがって、物質を機会と呼ぶことによって何が意味されうるのだろうか。この術語はおよそいかなる意味でも使用されえないか、さもなければ、通常受け入れられている意味からきわめてかけ離れている何らかの意味で使用されるかのいずれかである。

七〇 あなたがたはおそらくこう言うだろう、「物質はわれわれによって知覚されていないけれども、それにもかかわらず神によって知覚されるのであって、神にとって物質は、われわれの精神のなかに観念を引き起こす機会である。なぜなら、われわれの感覚は秩序正しい恒常的なやり方で刻印されるのが観察されるから、これらの感覚が生みだされるための何か恒常的で規則的な機会が存在すると想定するのはまことに理にかなったことだからである。すなわち、われわれの観念にはそれぞれ何らかの物質的部分がつねに対応している。こうした部分は、まったく受動的でわれわれによって知覚されえないがゆえに、われわれの精神のなかに観念を引き起こしたり、あるいは、何らかの仕方でわれわれを直接に刺激したりすることはない。それにもかかわらず、これらの部分はそれぞれ、これらを知覚する神からすれば、事物が恒常的で斉一な仕方で生じるためにはわれわれの精神にどのような観念をいつ刻印すべきかを思い起こさせてくれるいわば機会である」。

七一 この再反論にたいして私は以下のように述べる。物質がいま述べられたように考えられるのだとすれば、問題になるのは、精神と観念から区別される事物、つまり、知覚することと知覚されることから区別される事物が存在するかどうかということではない。問われているのはむしろ、神の精神のなかに何であるかが分からない何らかの観念が存在していて、こうした観念はそれぞれ、われわれの精神のなかに恒常的で規則的なやり方で感覚をいかに生みだすかを神に指図する印あるいは合図になっているかどうかである。これはちょうど、音楽を聴く人びとが音符を知覚せず、まして音符のことなどまったく知らないにしても、演奏者が楽曲と呼ばれる調和した音の系列や組み合わせを生みだすよう音符によって指図されるのとまったく同じだ、というわけである。しかし、こうした物質の考え方は[134]、きわめて法外であって論駁にすら値しないし、さらにじっさいには、われわれがこれまで主張してきたこと、つまり、感官を欠いていて知覚されていない実体は存在しないということへの反論にならない[135]。

七二　もし理性の光に従うなら、われわれはわれわれの感覚の恒常的で斉一な秩序から、われわれの精神のなかにこれらの感覚を引き起こす精神の善性と知恵を推測するだろう。しかるに、私がそうした秩序から理性によって推論されるのを見てとれるのは、まさにこれだけである。私に言わせれば、無限に知恵があり、善でありそして有能である精神が存在するだけで、自然の現象のすべてを説明して余りあるのは明らかである。しかし、不活発で感官を欠く物質について言うなら、私が知覚するものはどれもこの物質とまったく結合していない、あるいは、この物質を思いつかせはしない。そして、物質によって自然におけるもっとも卑しい現象[136]さえも説明する人がいるなら、あるいは、物質の存在を支持する理由を、たとえ最低の部類の蓋然性においてにせよ指摘してみせる人がいるなら、あるいはまた、物質の想定に何らかの許容しうる意味を与える人がいるなら、そうした人にお目にかかりたいものである。それというのも、物質が機会であるということにかんして言えば、それがわれわれにかんしてはいかなる機会でもないことを、われわれはすでに明らかに示しておいたと思うし、もし機会になるとすれば、それはわれわれのなかに観念を引き起こす神にとっての機会になるということしか残らないであろうが、しかし、これがいかなる結末に至るかは、われわれがたったいま見たとおりだからである。

七三　物質的実体が存在すると人びとが想定したくなった動機についていささか考えてみるのも無駄ではあるまい。こうした動機ないし理由がしだいになくなり消えていくのを目にするなら、それに応じてわれわれは、そうした動機に基づいていたものに同意しなくなるからである。第一に、色、形、運動そしてこれら以外の感覚可能な性質あるいは偶有性は精神のそとにほんとうに存在すると考えられた。だからこそ、こうした性質をおのれのうちに含む何らかの〈思考しない基体あるいは実体〉を想定する必要があると思われた。これらの性質がそれ自身で存在するとは考えられなかったからである。その後〔第二に〕[137]、時代が下るにつれて人びとは、色、音そしてこれら以外の感覚可能な第二性質は精神のそとに存在しないと得心したものだから、この基体あるいは物質的実体からこれらの性質を剝ぎとり、形、運動等々の第一性質だけを温存して、これら第一性質が依然として精神のそとに存在し、したがって物質的な支えを必要とすると考えるようになった。しかし、いかなる性質も、第一性質のどれであっても、これらを知覚する心あるいは精神のなか以外にはおよそ存在できないことが示されたので、われわれはもはや物質が存在すると想定する理由をもたなくなる。いやそれどころか、物質という言葉が、精神のそとに存在する性質あるいは偶有性をおのれのうちに含む〈思考しない基体〉を指すとみなされるかぎりで、物質といったものが存在するのはまったく不可能になる。

七四　物質なるものが偶有性を支えるためにのみ思いつかれてきたことは、物質論者自身でさえ認めるところであって、この理由がすっかりなくなっているからには、ひたすらその理由に基づいていたものを信じることなど、ためらいもなくやめにするのが当然であろう。しかしながら、この偏見はきわめて根深くわれわれの思考のなかに埋め込まれているので、どのようにしてこの偏見から逃れられるのかほとんど見当がつかなくなる。それゆえに、そして、事物そのものが擁護不可能なものであるがゆえに、今度は少なくとも名前だけでも保持しようという気になり、存在者あるいは機会といった何か分からない抽象的で曖昧な概念にこの名前をあてがうようになる。ただし、少なくとも私が見るかぎり、こうするためのもっともらしい理由など[138]まったくない。それというのも、感官によるにしろ反省によるにしろ、われわれの精神に刻印される観念、感覚、概念のうちで、不活発で思考せず知覚されていない機会が存在することを推論させる出発点となるものがわれわれの側にあるだろうか、あるいはわれわれはそのようなものを知覚するだろうか。他方、全能の精神の側でも、その精神が何らかの不活発な機会によってわれわれの精神のなかに観念を引き起こすよう指図される、とわれわれに信じさせるようなもの、あるいはせめてそう推測させるようなものがあるだろうか。

七五　人間の精神が、理性のいかなる明証性に反してでも、思考しない鈍重な何ものかを大いに好み、これを介在させることによって神の摂理からいわば遮られ、神を世界の出来事からいっそう遠ざけてしまうというのは、偏見の力を証しするきわめて法外な一例であって、大いに嘆くべきことである。しかし、物質への信念を守るためにどれほど最善を尽くそうとも、あるいは、理性がわれわれを見放すときに事物のたんなる可能性[139]を頼りにしてわれわれの意見を支えようとどれほど努力しようとも、そして、理性によって制御されない想像力を精一杯はたらかせてこの貧弱な可能性をどれほど立証しようとも、こうしたことすべての結末は、神の精神のなかに何らかの知られていない観念があるということでしかない。それというのも、神にかんして機会ということで意味されていると私に思えるものがあるとすれば、これだけだからである。そして、この機会ということで人びとが手に入れようとしているのは、つまるところ、事物ではなくて名前だけである。

七六　したがって、神の精神のなかにそのような観念があるかどうか、そしてそれらが物質という名前で呼ばれていいかどうかは、これ以上争わないことにしよう。しかし、もしあなたがたが延長、運動そしてこれら以外の感覚可能な性質を支える〈思考しない実体〉という考えになおも固執するなら、そうしたものは存在不可能であるとはっきり言っておこう。なぜなら、これらの性質が知覚しない実体のなかに存在する、あるいはそうした実体によって支えられているというのは、明らかな矛盾だからである。

七七　しかし、あなたがたはこう言うだろう、「われわれが知覚する延長やそれ以外の感覚可能な性質ないし偶有性を支える思考しないものは存在しないとしても、これらとは別の性質の〔根底にあってそれらを支える〕何か不活発で思考しない実体ないし基体がひょっとしたら存在するかもしれない。もっとも、これらの性質は、ちょうど盲目に生まれた人にとっての色がそうであるように、われわれにとって理解不可能かもしれない。われわれはそれらの性質に見合った感官をもっていないからである。しかし、もしわれわれがある新たな感官をもつとするなら、[140]ちょうど開眼した盲人が明るさや色の存在を疑わないのと同様に、われわれはおそらくそうした性質が存在することを疑わないだろう」。これにたいしてはこう答えよう。第一に、あなたがたが物質という言葉によって、〈知られていない性質を支える知られていないもの〉しか意味しないのなら、そんなものが存在するかどうかはまったく問題にならない。なぜなら、そうしたものはわれわれには何のかかわりもないからである。そして私は、何であるかも分からなければ、なぜなのかも分からないものについて論議することにいかなる利益があるのか理解できない。

七八 しかし、第二に、もしわれわれが新たな感官をもつとしても、それがわれわれに提供するのは新たな観念あるいは感覚でしかないだろう。そしてそうなれば、形、運動、色、そしてこれらに類したものにかんしてすでに持ち出されたのと同じ理由によって、われわれはそうした観念あるいは感覚が〈知覚しない実体〉のなかに存在することに反対するだろう。これまで指摘しておいたように、性質というのは、それを知覚する精神のなかにしか存在しない感覚あるいは観念以外のものではないし、このことは現在われわれに馴染みの観念について当てはまるだけでなく、およそ可能なすべての観念にも同様に当てはまるからである。

七九 しかし、あなたがたはこう言い張るだろう、「私には物質の存在を信じるいかなる理由もないし、私は物質なるものを使えない、つまり、物質によって何かを解明できるわけでもない、あるいはこの言葉によって何が意味されているのかさえ分からない。しかし、それがどうしたというのだ。物質が存在する、そして、そもそもこの物質なるものは観念の〔根底にある〕実体あるいは機会であると言うことには、依然として何の矛盾もない。これらの言葉の意味を解きほぐそうとしたり、どこまでも詳細に明らかにしようとするのは、なるほどきわめて困難であるにしても、やはりそう言うことに矛盾はない」。これにたいして私はこう答える。言葉が何の意味もないままに使われるとき、あなたがたは好きなようにそうした言葉を組み合わせていいし、そうすることで矛盾に陥る危険を冒すわけでもない。たとえば、「二の二倍は七に等しい」と言ってもかまわない。ただし、こう言ってかまわないのは、あなたがたがこの命題に含まれているそれらの言葉をその普通の意味において用いるのではなく、自分たちですら何であるか分からないものを表わす印とみなしていると公言するかぎりでのことであって、これと同じ前提においてであれば、あなたがたは「偶有性のない不活発で思考しない実体が存在し、これがわれわれの観念の機会になっている」と言ってもかまわない。そしてわれわれは、この後者の命題に納得できるのであれば、前者の命題にもまったく同じくらい納得できることになろう。

八〇　あなたがたは最後にこう言うだろう、「物質的実体という主張を放棄して、物質とは知られていない何ものかであると言い張ったら、つまり、物質は実体でもなければ偶有性でもなく、精神でもなければ観念でもなく、不活発で、思考せず、分割できず、運動せず、延長しておらず、いかなる場所にも存在していないと言い張ったらどうだろうか。それというのも、物質のこの否定的な定義だけを固守するかぎり、実体や機会に反対して持ち出されるもの、あるいは物質についてのそれ以外の何か絶対的もしくは相対的な概念に反対して持ち出されるものはどれも、まったく無効だからだ」。これにたいしてはこう答えよう。もしそうしたいというなら、あなたがたは物質という言葉を他の人たちが無という言葉を使うのと同じ意味で使い、そうすることでこれら二つの言葉をあなたがたなりに交換可能なものにしてもかまわない。それというのも、いまの定義の諸部分をまとめて考えるにしろ単独で考えるにしろ、どちらにしろ注意深く考えてみるなら、この定義からは無という術語で喚起される効果や印象しか出てこないから、この定義の帰結はつまるところ、物質は無であるということでしかないと思われるからである。

八一　あなたがたはたぶんこう言い返すだろう、「さっきの定義には物質を無から十分に区別するものが含まれている。つまり、本質や存在者や現実存在といった肯定的で抽象的な（abstract）観念だ」。なるほど、抽象的で一般的な観念をつくる能力があると自負する人たちは、こうした観念をもっているかのように語るし、彼らに言わせれば、これらの観念はあらゆる概念のうちでもっとも抽象的で一般的である。しかし、この「もっとも抽象的で一般的である」ということは、私にとっては、あらゆる概念のなかでもっとも理解不可能なものであるということを意味する。なるほど、さまざまな位階に属し、さまざまな能力を備えたじつに多様な精神[141]が存在し、これらの精神の能力たるや、その数においても範囲においても、私の存在の創造者が私に授けてくれた能力をはるかにしのぐということには、疑いの余地がない。そして、至高の精神の無尽蔵の力がそうした多様な精神にいかなる観念を刻印するのかを、私が自分自身のわずかな制限された狭い知覚の入口によって規定しようと臆面もなく言い張るなら、それは間違いなく最大の愚挙にして僭越であろう。色が音と異なるのと同じくらいに、互いに異なり、そして私がこれまで知覚したどれとも異なる、無数の種類の観念あるいは感覚がおそらく存在するかもしれないからである。しかしながら、ひょっとしたら存在するかもしれない無限に多様な精神と観念にかんして、私が自分の理解力の乏しさを認めるにどれほどやぶさかではないにしても、それにもかかわらず、精神と観念から、つまり知覚することと知覚されることから切り離された（abstracted）存在あるいは現実存在の概念をもっていると自負することは、管見によれば、まったくの矛盾であり言葉遊びでしかない。最後に〔第一三に〕[142]、おそらく宗教の側から出てくるかもしれない反論を考察することにしよう。

八二　こう考える人たちがいる[143]、「物体がほんとうに存在すると主張するために理性から引き出される論拠は、なるほど証明の域にまで達しない。しかしそれにもかかわらず、この物体の存在という点で聖書はまことに明快であるから、信心深いキリスト教徒なら誰でも、物体がほんとうに存在し、そしてたんなる観念以上の何かであることを十分に納得することだろう。なぜなら、樹木、石、山、川、町そして人間の身体がほんとうに存在することを明白に前提している事実が、聖書では数え切れないほど語られているからである」。これにたいしてはこう答えよう。聖俗を問わずおよそいかなるたぐいの書物も、これらの言葉やそれに類した言葉を一般大衆が受け取る意味で使用するかぎりで、つまりそれらを有意味に使用するかぎりで、われわれの学説によってその真理を疑われる危険に陥ることはない。これらの事物のすべてがほんとうに存在すること、一般大衆が理解する意味で受け取られるかぎりでの物体が存在すること、その意味での物体的実体すらも存在することがわれわれの原理と一致することは、これまで示されてきたとおりである。つまり、事物と観念、ほんとうに存在するものと妄想の違いは明確に解明されていた*。そして思うに、聖書のどこにも、哲学者たちが物質と呼ぶものも、精神のそとの対象の存在も言及されていない。

＊第二九、三〇、三三、三六節等々〔バークリーによる原注〕。

八三　さらに、外的な事物が存在するにせよしないにせよ、万人が一致するところによれば、言葉の適切な用法とは、われわれが思考するものを表示するということ[144]、つまり、われわれによって知られ知覚されるかぎりでの事物を表示するということである。ここから明確に帰結するのは、われわれがこれまで書き記した主張には、言語の正しい使用や表示作用に悖るものは何もないということ、そして、いかなるたぐいの言説であれ、それが理解可能であるかぎりは、けっして揺らぐことはないということである。しかしこうしたことはすべて、これまで述べられたことからきわめて明白であるから、もうこれ以上拘泥する必要はないであろう。

八四　しかし、まだこう言い張る人がいるだろう、「少なくとも奇蹟は、あなたの原理によってその重みや重要性のかなりを失ってしまう。モーセの杖[145]のことをどう考えねばならないのか。その杖はほんとうに蛇に変わったのではないのか、それとも、それを見ていた人びとの精神のなかの観念が変化しただけなのか。そして、われわれの救世主がカナの婚姻の席で[146]、来客たちの視覚、嗅覚そして味覚を欺いて、ワインの見かけつまりワインの観念だけを客たちのなかに生みだしたにすぎない、などと想定できるか。同じことは他の奇蹟のすべてについて言えるだろう。前述の原理に従うなら、これらの奇蹟はすべて空想力の瞞着あるいは幻覚にすぎないとみなさざるをえなくなる」。これには以下のように答える。その杖はほんとうの蛇に変わったし、水もまたほんとうのワインに変わった。このことが他のところで私の言ったことと少しも矛盾しないということは、第三四節と三五節から明らかであろう。しかし、この「ほんとうの（real）」と「想像上の（imaginary）」について論ずべきことは、すでに明白かつ十全に解明され、頻繁に言及されたし、それにまつわる困難もこれまでの論述からきわめて容易に回答をえられるだろうから、ここでその解明を繰り返すのは読者の知性を侮辱することになるだろう。ただ次のことだけは言っておこう。食卓についた人たちがすべてワインを見て、嗅ぎ、味わい、飲み、そして酔いが回るとするなら、そのワインがほんとうに存在することは私には何の疑いもない。したがって、つまるところ、奇蹟がほんとうに存在するかどうかにかんしてためらいが生じるのは、われわれの原理に立つからではなく、〔哲学者のあいだで〕流布している原理に立つからにすぎない。それゆえこの逡巡は、これまで語られてきたことにとって不利というよりはむしろ有利になる。[147]

八五　私はさまざまな反論を最大限の明晰さで提起しようとしたし、それらに可能なかぎりの説得力を与えてきた。こうした反論に片がついたので、次にわれわれの主張からの帰結を見ることにしよう。[148] これらの帰結のいくつかはすぐに明らかになる。たとえば、およただしい思弁が空費されてきた困難で曖昧ないろいろな問いがことごとく哲学から消え去ってしまう。物体的実体は思考できるのか、物質は無限に分割可能なのか、そして、物質はどのように精神に作用するのか——こうした探究やそれに類した探究はいつの時代も哲学者たちを際限なく困惑させてきた。しかしこれらの探求は、物質の存在に依存しているのだから、われわれの原理に立てばもはや生じようがない。〔哲学以外の〕学問にかんしても宗教にかんしても、これら以外に多くの利点があるし、これらの利点をこれまで述べてきたところから誰でも容易に引き出すことができよう。しかし、以下でその次第をもっと明確にしておこう。

八六　われわれが主張してきた原理から分かるように、人間的知識はおのずと二つの項目に、つまり観念についての知識と精神についての知識に帰着する。これらのおのおのについて順番に見ていこう。

最初に観念つまり〈思考しない事物〉について述べよう。これについてのわれわれの知識がはなはだ曖昧で混乱したものになり、きわめて危険な誤謬に誘い込まれたのは、感官の対象は二様に存在する(149)と想定されたからである。つまり、一方は理解可能な存在すなわち精神のなかに存在するということであり、他方は精神のそとにほんとうに存在するということである。この想定によれば、思考しない事物はそれ自身の自然的自存(150)を、つまり心によって知覚されるということから区別される自存をもつと考えられている。もし私の間違いでなければ、きわめて無根拠で不合理な考えであると指摘されてきたこの想定こそが、まさに懐疑主義の根源である。それというのも人びとは、ほんとうに存在する事物が精神のそとに自存していて、これについての知識が事物に的中するのは、それがほんとうに存在する事物に一致しうるかぎりでのことだ(151)、と考えてしまったものだから、自分がそもそも事物に的中した知識(152)をもつとは確信できなかったからである。なぜなら、知覚される事物が知覚されない事物と一致しうるということ、つまりは、精神のそとに存在する事物と一致しうるということは、いかにして知られるというのだろうか。

八七　色、形、運動、延長等々はそれぞれ、精神のなかの感覚としてのみ考えられるかぎり、完璧に知られる。これらのなかには知覚されないものは何もないからである。しかし、もしそれらが精神のそとに存在する事物すなわち原型を示す印や似像とみなされるなら、[153]われわれはことごとく懐疑主義に巻き込まれてしまう。〔この懐疑主義によれば〕「われわれが見ているのは事物の見かけだけであって、事物のほんとうの性質ではない。何らかの事物の延長、形あるいは運動がほんとうは何であるか、そして絶対的には何であるか、あるいはそれ自体において何であるかをわれわれは知ることができず、われわれが知るのはそうした延長等々がわれわれの感官とどのように対応あるいは関係しているかということにすぎない。事物は同じままにとどまるのに、われわれの観念は変化する。すると、事物のなかにほんとうに存在する真の性質を再現しているのは、われわれの観念のうちのどれなのか、あるいは、そもそもわれわれの観念のどれかがそれを再現しているかどうかさえ、われわれは決定できない。したがって、われわれが見、聞き、そして触れるものはすべておそらくは幻影や虚しい妄想にすぎず、事物の本性のなかに存在するほんとうの事物とまったく一致しない」[154]。こうした懐疑主義[155]はすべて、事物と観念が違うと想定し、前者は精神のそとに、つまり知覚されずに自存すると考えることから帰結する。この点を詳述し、いつの時代の懐疑主義者も持ち出す論拠がどれほど外的対象の想定に依存するのかを指摘

するのは、容易なことであろう。(156)

八八　思考しない事物は知覚されることから区別されてほんとうに存在すると考えてしまうと、われわれは〈ほんとうに存在する思考しないもの〉の本性を明白に知りえないだけでなく、それが存在することすら知ることができなくなる。だからこそ、われわれが見てとるように、哲学者たちは自分たちの感官を信用せず、天と地の存在を、自分たちが見たり触ったりするものすべての存在を、はては自分たち自身の身体の存在さえも疑ってしまう。そして、彼らはさんざん苦労して考えたあげく、感覚可能な事物の存在について何ら自明な知識(157)にも論証的知識にも到達できないと認めざるをえなくなる。しかし、もしわれわれが言葉を有意味に使用し、何であるか分からないものを表示する「絶対的」「外的」「存在する」等という術語(158)に惑わされないようにするなら、精神をこれほどに迷わせ混乱させ、哲学を世間の物笑いの種にしているこうした疑惑はすべて消え去ってしまう。私が自分の感官によってじっさいに知覚しているものの存在を疑うくらいなら、自分自身の存在さえも疑うことができる。それというのも、思考しないものの存在の本領がまさに知覚されていることにあるからには、何らかの感覚可能な対象が視覚や触覚によって直接的に知覚されているにもかかわらず、それがおよそ存在しないなどということは、明らかな矛盾だからである。

八九　事物に的中した適切な知識の堅固な体系を築くなら、それは懐疑主義からの攻撃に抗する鎧になるだろう。こうするためにもっとも重要なのは、「事物」「ほんとうの在り方」「存在」ということで何が意味されているのかを最初に明確に説明することであろう。なぜなら、これらの言葉の意味を確定しないかぎり、「事物がほんとうに存在する」ということにかんして議論したところで、あるいは、それについて知っていると言い張ったところで無駄だからである。事物あるいは存在者というのは、すべての名前のなかでももっとも一般的な名前であって[159]、これのもとには全面的に区別される異質な二種類のもの、すなわち、この名前以外に共通するものを何ももっていない二種類のもの、つまり精神と観念が含まれている。前者は能動的で不可分な実体である[160]。後者は不活発で、はかなく[161]、依存的な存在者であって、それ自身で自存するのではなく、精神あるいは精神的実体によって支えられている、あるいはそのなかに存在する[162]。われわれは自分自身の存在を内的な感じあるいは反省によって理解し、他の精神の存在を理性によって理解する。われわれはわれわれ自身の精神、心そして能動的存在者について何らかの知識あるいは概念をもっていると言っていいが、しかし、厳密な意味ではこれらについて観念をもっていない。これと同様に、われわれは事物間の、あるいは観念間の関係について知っているし、それについての概念をもっている。こうした関係は互いに関係している観念や事物から区別される。後者はわれわれによって知覚されうるのに、われわれは前者を知覚しないからである。管見によれば、観念、精神そして関係はどれもそれぞれの仕方で人間的知識の対象であり、言説の主題である。したがって、観念という術語をわれわれが知っているすべてのもの、あるいはわれわれがその概念をもっているすべてのものを表示するほどに拡張するのは不適切であろう。(163)

九〇　感官に刻印される観念はほんとうの事物である、つまりほんとうに存在する。われわれはこのことを否定しない。われわれが否定するのはむしろ、そうした観念が、それを知覚する精神のそとに自存できるということ、あるいは、精神のそとに存在する何らかの原型の類似物だということである。なぜなら、感覚あるいは観念が存在するということはまさに、知覚されていることにその本領があるのだし、観念は観念以外のいかなるものにも似ることはないからである。他方、感官によって知覚される事物は、その起源について言うなら、外的と呼ばれてよい。なぜなら、そうした事物は内部から、精神自身によって生みだされるのではなく、そうした事物を知覚する精神とは区別されるある精神〔神〕によって刻印されるからである。感覚可能な対象は、これとは別の意味でも同様に精神のそとに存在すると言われてよい。つまり、その意味とは、そうした対象は何か別の精神〔他人〕のなかに存在するということである。したがって、私が自分の目を閉じているときも、私が見ていた事物は依然として存在しうるのだが、しかしそれはある別の精神〔神と他人〕のなかに存在するのでなければならない[164]。

九一　私が以上のように語るからといって、事物がほんとうに存在するという事態にはいささかの瑕疵も生じない。広く受け入れられている原理が承認しているところによれば、延長、運動、そして一言で言えば、すべての感覚可能な性質は、それ自身で自存できないがゆえに、支えを必要とする。しかるに、感官によって知覚される対象は、これらの性質の組み合わせにほかならず、それゆえ、それ自身で自存できないということも認められている。ここまでは万人が一致するところである。したがって、もしわれわれが、感官によって知覚される事物は実体に依存して存在すると語るなら、つまり、そうした事物がそのなかに存在できる支えに依存して存在すると主張するなら、そうした事物はほんとうに存在するという広く受け入れられている意見をわれわれはいささかも毀損していないし、この点で奇を衒っているとの責めを負ういわれもない。違いがあるとすれば、以下の点だけである。すなわち、われわれの見解によれば、感官によって知覚される〈思考しない存在者〉は知覚されることから区別されて存在することはまったくないのであって、したがって、あの延長しておらず不可分な実体のなかにしか存在できない、つまり能動的に作用し、思考し、そしてこれらの〈思考しない事物〉を知覚する精神のなかにしか存在できない。これにたいして、哲学者たちの広く流布した主張によれば、感覚可能な性質は不活発で延長した〈知覚しない実体〉のなかに存在し、彼らはこの実体を物質と呼んで、これに自然的自存を付与する。つまり、あらゆる思考する存在者の外側での自存、あるいは、およそ何らかの精神によって知覚されることから区別される自存、さらには、創造者の永遠の精神によって知覚されることからさえ区別される自存を物質に付与する。哲学者たちは、たとえ物体的実体がいやしくも創造されたと認めるにしても、創造者によって創造されたこの実体の観念しかこの永遠の精神のなかにはないと想定しているからである。

九二 すでに指摘したように、物質あるいは物体的実体の学説は懐疑主義の主要な支柱と土台になっていた。これと同様に、無神論と反宗教の不敬な体系もまたすべて同じ基盤のうえに建てられてきた。しかり、物質が無から創造されるなどおよそ考えにくいことだと思われたものだから、古代の哲学者たちのなかでもっとも高名な人たち、いや、これら古人のなかでも神の存在を認める哲学者たちでさえ、物質は創造されたのではなく、神と同じく永遠だと考えたのである。[165] いつの時代にも無神論者たちにとって物質的実体がどれほどの盟友であったかは、語るに及ばないであろう。彼らの奇怪な体系はことごとくこの実体に明白かつ必然的に依存しているので、この礎石がいったんはずされてしまえば、建造物の全体は瓦解するしかない。したがって、無神論者たちのあらゆる邪悪な宗派の馬鹿馬鹿しさについては、いまさら縷説する必要はない。

九三　不敬で冒瀆的な連中の気質におもねることによって、すぐにも彼らの賛同をえる体系においては、非物質的実体は嘲られ、魂は身体と同様に分割可能で滅びると想定される。この体系は、事物の形成からいかなる自由も知性も計画も排除して、その代わりに、それ自身で存在していて思考しない鈍重な実体を万物の根源や起源にすることだろう。そして、そうした連中が聴従する人びと[166]の意見によると、人間よりも優れた精神が世界の出来事を配慮あるいは気遣いすることなどないのであって、出来事の系列すべては物体同士の衝突から出てくる盲目の偶然や運命的な必然になる。〔物質を想定する〕彼らがこう考えたくなるのも無理はない。しかし他方で、もっとまともな原理をもつ人たちは、宗教の敵たちが思考しない物質にかくもしがみつき、すべてをこの物質に帰そうとかくもこぞって躍起になっているのを目にするとき、この連中がこうした有力な支えを奪われるのを見るなら、どれほど歓喜にむせぶだろうか。なにしろ、この唯一の砦から追放されるなら、あなたがたお気に入りのエピクロス派やホッブズ派そしてその他の連中は、一片の口実さえもうけることもできなくなり、およそもっとも簡単で容易な仕方で駆逐されるからである。

九四　物質や物体が知覚されずに存在するということは、無神論者や運命論者の主たる支えであっただけでなく、いかなる形態をとるにせよ偶像崇拝もまた同様にこれと同じ原理に基づいている。太陽、月、星そしてその他のすべての感官の対象はそれぞれ、知覚されるということ以外にはおよそ存在しようがないからには、精神のなかの感覚でしかない。このことだけでも考えてみるなら、自分自身の観念に跪いて、それを崇める人などおそらくまったくいないだろう。むしろ、万物を生みだし維持する永遠の不可視の精神を称賛するにちがいない。

九五　この同じ馬鹿げた原理は、われわれの信仰箇条と混じり合うと、キリスト教徒にとって少なからぬ困難を引き起こしてきた。たとえば、ソッツィーニ派[167]やその他の連中[168]が復活にかんしてどれほど多くの逡巡や反論を持ち出してきたことか。しかし、こうした反論のうちもっとも説得力のあるものですら、〈身体が同じと呼ばれるのは、その形にかんしてではなくて、つまり、感官によって知覚されるものにかんしてではなくて、いろいろな形のもとでも同じままにとどまる物質的実体にかんしてである〉という想定に依拠しているのではないか。論争はまさにこの物質的実体の同一性に集中しているのだから、この実体を取り除き、身体ということで平凡な普通の人びとの誰もが理解しているものを考えてみたまえ。つまり、直接に見られ触れられているもの、感覚可能な性質の組み合わせでしかないもののことを考えてみたまえ。そうすれば、あの連中のきわめて回答しづらい反論ですら無に帰するだろう。

九六 物質がいったん自然から追放されるなら、哲学者たちや神学者たちの悩みの種であった多くの懐疑主義的で不敬な考え方は、そして、無益な騒ぎを人類に引き起こしただけの信じられないくらい多くの論争や判じ物めいた疑問は、それとともに雲散霧消する。[169] したがって、われわれがこれまで物質に反対して持ち出してきた議論が証明に等しいとみなされないにしても（私はもちろん、明らかに証明に匹敵すると思っているが）、知識と平和と宗教の盟友なら誰しもそうなって欲しいと願うのは当然であろう。

九七 観念についての知識[170]にまつわる誤謬や困難を引き起こしているのは、知覚の対象が外的に存在するということだけではない。序論ですでに述べておいたような抽象的観念(abstract ideas)の学説もまた、その大きな元凶である。およそもっとも明白な事物、つまり、われわれがもっとも身近に熟知し完璧に知っている事物も、抽象的なやり方で考えられてしまうと、奇妙にも困難で理解しがたいものになってしまう。時間、場所そして運動は、個別的につまり具体的に受けとられるなら、誰もが知っているものである。しかし、形而上学者たちの手に渡ってしまうと、あまりに抽象的で精妙[171]になってしまうものだから、常識をそなえた人びと[172]には理解できなくなってしまう。あなたがたの召使にしかじかの時間にしかじかの場所であなたがたに会うよう言いつけてみたまえ。すると彼は、これらの言葉で何が意味されているのか、立ちすくんで考え込むことなどないだろう。この個別的な時間や場所、彼がそこへ行くための運動のことを考えるにあたって、彼は何の困難も覚えないからである。しかし、もしも時間が、一日を多様に分割する個別的な行為や観念のすべてを排除して、抽象的に(in abstract)存在の連続つまり持続としてのみ受けとられるなら、おそらく哲学者ですらこれを理解するのに当惑するだろう[173]。

九八 私が時間の単純[174]な観念を形成しようとするとき、つまり、私の精神のなかの観念の継起から切り離されていて（abstracted）、斉一に流れ、すべての存在者によって分有される時間の観念を形成しようとするとき、私はいつも逃れがたい困難に巻き込まれて茫然自失する。私はそんな時間のことなどまったく知らないからである。ただし、仄聞するところによると、他の人びとは、時間は無限に分割可能だと言っている。そして彼らは、私が自分の存在について奇妙な考えを抱かざるをえなくなるような仕方で、時間について語っている。それというのも、この学説によれば、人は思考されるものがないままに無数の年月を過ごすか、さもなければ、人はその人生の瞬間ごとに絶滅させられる、とどうしても考えざるをえなくなるが、しかしこれらはどちらも等しく不合理だと思われるからである。[175]したがって、われわれの精神のなかの観念の継起から切り離されるなら時間は無なのだから、いかなる有限な精神の持続も、この同じ精神ないし心のなかで互いに継起する観念や作用の数によって測られねばならないことになる。さらにここから明白に帰結することだが、魂はつねに思考する。そしてじっさい思うに、自分の頭のなかで精神の存在をその思考から分割する、ないしは切り離そうとする人は誰でも、それが容易な仕事ではないことを見いだすだろう。[177]

九九　これと同様に、延長や運動をそれ以外のすべての性質から切り離し（abstract）、それらだけで考えようと試みるとき、われわれはたちまちのうちにそれらを見失い、とてつもなく突飛な見解に陥ってしまう。こうなるのはすべて以下の二重の抽象（abstraction）のせいである。[178] 第一に、たとえば延長は他のすべての感覚可能な性質から切り離されうると想定され、第二に、延長が存在するということはそれが知覚されるということから切り離されうると想定されている。しかし、自分が語っていることをよくよく考え理解しようと気配りする者は誰でも、もし私が間違っていなければ、以下のことを認めるだろう。すなわち、感覚可能な性質はどれも等しく感覚であり、そしてどれも等しくほんとうに存在するということ、延長があるところには色もある、つまりそれらは彼の精神のなかにあるということ、さらに、この延長や色の原型は何か他の精神のなかにしか存在しないこと、そして、感官の対象はこうした感覚が互いに結合し混合しあるいは（こう言ってよければ）凝固したものにほかならず、これらすべては知覚されずに存在するとは想定されえないこと。[179]

一〇〇　ある人が幸福であるとはいかなることか、ある対象が善いとはいかなることか――[180]こんなことは知っていると誰でも思うだろう。しかし、個別的な快のすべてから隔離された幸福の抽象的観念を、あるいは、善いものすべてから隔離された善の抽象的観念を形成できるなどと、ほとんどの人は言い張りはしない。これと同様に、〔個別的なものから〕隔離された正義や徳の観念をもたずとも、人は正しく有徳でありうる。これらの言葉、そしてこれらに類した言葉は、すべての個別的な人や行為から切り離された一般的概念を表わしているという意見は、道徳を困難にし、道徳の研究を人類にとってますます役立たずにしてきたように思われる。そしてじっさいのところ、抽象の学説は知識のもっとも有用な部分を台無しにするのに少なからず貢献してきた。[181][182]

一〇一　感官から受容される諸観念とこれら諸観念間の関係を論じる思弁的学問の二つの主要な部門は、自然哲学と数学である。これらのおのおのについてこれからいくらか述べることにしよう。[183]

最初に自然哲学について語ろう。懐疑主義者たちが凱歌をあげるのは、まさにこの主題についてである。われわれの能力を見くびり、人類を無知で下等なものに見せるために彼らが繰り出し備蓄している議論はもっぱら、われわれは事物の真のほんとうの本性にかんして克服しがたい無知の状態にあるという主張から引き出されている。この主張を彼らは誇張し、これについて延々と述べたがる。彼らに言わせれば、われわれは惨めにも感官によって欺かれ、事物の外面や外見に惑わされているだけである。どれほど卑しい対象であっても、それらすべての実在的本質、内的性質そして内的構造は、われわれの視界から隠されている。つまり、一滴の水のどれにも、一粒の砂のどれにも、人間的知性の力では見抜くことも把握することもできない何かがある。[184] しかし、これまで指摘してきたところから明らかなように、この不平不満にはまったく何の根拠もないし、われわれは誤った原理に災いされて感官を信用しなくなり、完全に把握している事物について何も知らないと思い込んでいるのである。

一〇二　事物の本性について無知であると宣言させる大きな誘因のひとつは、いま流行りの意見である。これによると、すべての事物はおのれのうちにその特性の原因を含んでいる、すなわち、どの対象のなかにも何らかの内的本質が存在していて、この本質が源になってそこから対象の識別可能な性質が流れ出ており、これらの性質はこの本質に依存する。われわれに現われてくる現象を隠れた性質によって説明すると言い張る人たちもいたが、しかし昨今では、この隠れた性質はおおかた機械的原因に、つまり、感覚不可能な粒子の形、運動、重さそしてこれらに類した性質に姿を変えている。[185] ところがほんとうは、精神以外にいかなる作用者あるいは作用因も存在しない。運動もそれ以外の観念もすべて完璧に不活発であることは明らかだからである。これについては第二五節を見よ。したがって、色や音は、形や運動や大きさ等々によって生みだされるとの説明は徒労でしかないし、この種の試みにはいかなる説得力もない。一般に、ある観念や性質を別の観念や性質の原因とみなす要求も、同断である。われわれの学説によるのであれば、どれほど多くの仮説や思弁が排除され、自然研究がどれほど簡潔なものになるのかは、言うまでもない。

一〇三　いまや大人気の機械的原因は引力である。石が地球に向かって落ちる、あるいは海が月に向かって膨らむのは、この引力によって十分に説明されると思う人たちもいるかもしれない。しかし、こうしたことが引力によってなされると告げられたところで、われわれはどれほど利口になるのか。そうなるのは、引力という言葉がこの〔地球や月への〕向かい方を表わしており、しかもこの向かい方は、〔離れた〕物体同士が互いに向かって押されたり突かれたりすることによるのではなく、相互に引き合うことによるからなのか。しかし、この作用の仕方[186]については何も確たることは言われていない。すなわちこの仕方は、引くと呼ぶのと同じくらいに、押すや突くと呼んでも（おそらく）いっこうに構わないからである[187]。さらに、鉄の部分が互いに固く凝集しているのをわれわれは目にする。そして、これもまた引力によって説明されている。しかし、他の事例と同様にこの事例においてもまた、引力という言葉によって表されているのは結果そのもの以外の何かであるとは思えない。それというのも引力という言葉の狙いは、この結果が生みだされるための作用の仕方、すなわちこの結果を生みだす原因ではけっしてないからである。

一〇四　なるほど、[188]いろいろな現象を見てとり、それらを互いに比較してみるなら、われわれは現象間に何らかの類似や一致を観察できる。たとえば、石が地上に向かって落ちる、海が月に向かって盛り上がる、物体が凝集する、そして結晶化する——これらの現象のなかには何か似たものが、つまり、物体同士の結合や相互接近がある。したがって、これらの現象やそれに類した現象のどれも、自然の結果を綿密に観察し比較したことのある人にとっては、奇妙あるいは驚くべきもの[189]とは思えないだろう。それというのも、奇妙とか驚くべきものと思われるのは、通例ではないもの、つまり、われわれが観察する通常の経過からはみ出て孤立しているものだけだからである。物体が地球の中心に向かっていくことは、奇妙とは思われていない。なぜならこれは、われわれが日々の生活でいつも知覚しているからである。これにたいして、物体が月の中心に向かっても同じように引かれていくというのは、たいていの人びとにとって奇妙で説明のつかないことと思われるだろう。なぜならこれは、潮汐においてのみ認められるからである。ところが、哲学者というものは、もっと広い自然の領域を考慮に入れる。そして、地上でも天界でも数え切れないほどの物体が互いに向かっていくのを示す諸現象を観察し、そこに何らかの類似を見てとったので、この向かうということに引力という一般的な名前を付けて、これに還元されうるものをすべて正しく説明できると考える。そこで彼はたとえば潮汐を、水陸からなる球が月に向かって引かれることによって説明する。彼にとってこの引かれるというのは、奇妙とも不規則とも思われず、むしろ自然の一般的規則あるいは法則の個別事例としか思えないからである。

一〇五　したがって、現象を知るということにかんして自然哲学者たちが他の人びととどこが違うのかを考えてみるなら、その違いはそうした現象を生みだす作用因を哲学者たちのほうがよく知っているという点にあるのではなく（なぜなら、この作用因は何らかの精神の意志以外の何ものでもありえないからである）、むしろ哲学者たちの理解の範囲がもっと広いという点にのみあるのが分かるだろう。こうした視野の広さによって、自然の作品において類似、調和そして一致が発見され、個別の現象が説明される、つまり、一般的規則に還元される。これについては第六二節を見よ。自然現象の出現において観察される類似や斉一性に基づくこうした規則は、精神にとってまことに心地よく、精神はこれを追い求める。なぜなら、こうした規則は、われわれの眼前にあるもの、われわれの身近にあるものを超えてわれわれの眺望を拡大してくれるからである。つまり一般的規則というものは、きわめて隔たった時間と距離において生じたかもしれないことにかんしてまことに蓋然的な推測を可能にしてくれるし、さらには、未来の事柄をも予測させてくれるのであって、精神は全知へ向かっていくこうした努力を大いに好むからである。

一〇六　しかしながらわれわれは、こうした事柄において慎重にことを進めるべきである。それというのも、われわれは類似を強調しすぎるきらいがある、つまり、真理にとってまずいことに、おのれの知識を一般的法則[190]にまで高めるよう駆り立てる精神の熱狂におもねりがちだからである。たとえば、引かれるとか互いに引き合うということは多くの事例に現われるものだから、幾人かの人びとはすぐさまこれを普遍的だと宣言し、他の物体すべてを引きつけるとか他の物体すべてによって引きつけられるということは、およそすべての物体に内在する本質的な性質だと言いつのる。しかし、恒星（fixed star）がそのように互いに向かっていくとはとても思えない。つまり、この引かれるということは物体にとっておよそ本質的ではないのであって、したがって、たとえば植物の垂直上方の成長とか空気の弾性のようないくつかの事例においては、まったく正反対の原理が顔をのぞかせるように思われる。以上すべての事例において必然的あるいは本質的なことがあるとすれば、それはそうした事例すべてが支配的精神の意志に全面的に依存しているということでしかない。[191] なぜならこの精神は、ある物体をさまざまな法則にしたがって互いに凝集させる、あるいは、互いに向かっていくよう仕向けはするものの、しかし他の物体は固定した（fixed）距離においたままにし、はたまた別の物体にはばらばらに飛び散るという（引力とは）正反対の傾向を与えているのであって、これらの事例はすべて彼の思し召しのままだからである。

一〇七　以上で述べられてきたことを前提とするなら、以下の結論を下してもいいと思う。第一に、哲学者たちが精神や心と区別される自然的作用因を探し求めるとき、彼らは明らかに無駄な努力をしている。第二に、被造物のすべては賢明にして善なる作用者の作品であると考えるなら、（幾人かの哲学者たち[192]が主張しているのとは反対に）事物の目的因について思いめぐらせることこそ哲学者たちに似つかわしいように思われる。[193] そして、認めねばならないことだが、自然物はさまざまな目的に適合し、もともと筆舌に尽くしがたい知恵をもってその目的のために企図されたのであるから、こうした目的を指摘することが自然物を説明するひとつの優れた方法であり、哲学者にとってまことにふさわしいと考えていけない理由が私には分からない。第三に、いま述べた二つのことから、自然誌（博物学）を研究してはならない理由、つまり、観察と実験を行ってはならない理由は出てこない。この観察と実験が人類にとって有用であり、ここから一般的帰結を引き出せるということは、事物そのもののあいだの不変的関係の結果ではなく、世界を統治するにあたって神が人間に示す善意と慈愛の結果にほかならないからである。これについては第三〇、三一節を見よ。第四に、われわれの視野に収まる諸現象を綿密に観察することによって、われわれは自然の一般法則を発見し、この法則から他の諸現象を導出できる。ただし私は、導出すると言っているのであって、証明するとは言わない[194]。それというのも、この証明といったたぐいの導出はすべて、自然の創造者はつねに斉一にはたらく、つまり、われわれが原理とみなす規則をたえず遵守してはたらくという想定に依拠しているけれども、しかしわれわれはこのことを明白に知ることはできないからである。

一〇八　諸現象から一般的規則を形成し[195]、その後でこの規則から現象を引き出す人たちは、原因ではなく記号を考察していると思われる[196]。われわれは[197]自然的記号間の類似を知らなくても、つまりある事物がいかなる規則によってしかじかであるのかを言うことができなくても、そうした記号を十分に理解できる。そして、一般的な文法規則をあまりに厳密に遵守するがゆえに、不適切な書き方をすることがおおいにありうるのと同様に、自然の一般的規則から推論するにあたって、そうした類似をあまりに遠くまで拡張し、そうすることで誤謬に陥るということもありえないではない。

一〇九　賢明な人は、[198]本を読むにあたって、言語にかんする文法的注記よりもむしろ意味をしっかりと考えてそれを利用するだろう。これと同様に、自然の書物を熟読するにあたって、個別的な現象のおのおのを一般的規則に引き戻し、その現象がこうした規則からいかにして生じるのかを示すのにもっぱら気を遣うというのは、精神の品位に悖るように思われる。われわれはもっと高貴な目的を掲げるべきであろう。すなわち、自然物の美、秩序、広大さそして多様性を眺めながら精神を活気づけ高揚させ、そこから適切な推論によって、創造者の雄大、知恵そして慈悲をもっとよく考えるようにして、ついには、われわれの力の及ぶかぎり創造のいろいろな部分を、その目的すなわち神の栄光に奉仕させ、そしてわれわれ自身と他の被造物の維持や慰安に奉仕させるべきである。

一一〇　先述の類似あるいは自然学のためのもっともすぐれた手引書が力学にかんするある著名な論考であることは、誰もが容易に認めるところであろう。[199]称賛されて当然のこの論考の冒頭で、時間、空間そして運動が、絶対的と相対的、真のと見かけの、数学的と通俗的に区別されている。著者によって詳細に説明されているこの区別は、そうした量が精神のそとに存在していると想定している、つまり、そうした量が日常的には感覚可能な事物と関係して考えられるものの、しかしそれにもかかわらずそれら自身の本性においては、そうした感覚可能な事物とは何の関係もないと想定している。

一一一　時間について言うなら、あの論考では、時間は絶対的な意味では、つまり〔感官から〕切り離された（abstracted）という意味では、事物の存在の持続すなわち事物が存在し続けることとして理解されている。しかし、この主題については第九七節と九八節ですでに述べておいたから、ここであらためて付け加えることは何もない。次に残りのものについて言うなら、この著名な著者は、絶対空間が存在すると主張する。この空間は感官によって知覚されず、それ自体は均一で不動のままである。そして、相対空間はこの絶対空間の尺度である。これは運動可能であって、感覚可能な物体にかんするその位置によって規定されるのに、通俗的には不動の空間とみなされている。彼の定義によれば、場所とは、空間のうちで何らかの物体によって占められている部分のことである。そして、この空間が絶対的であるか相対的であるかに応じて、場所もまた絶対的であるか相対的である。彼に言わせれば、絶対運動とは、ある物体が〔ある〕絶対的場所から〔他の〕絶対的場所へ移動することであり、同様に、相対運動とはある物体がある相対的場所から他の相対的場所へ移動することである。そして、絶対空間の部分はわれわれの感官によっては捉えられないから、われわれはそうした部分の代わりにそれらの部分の感覚可能な尺度を使い、そうすることによって、われわれが不動とみなす物体にかんして場所と運動のどちらをも規定せざるをえなくなる。しかし、これまた彼に言わせれば、哲学的に考察するにあたってわれわれは、自分の感官を度外視（abstract from our senses）しなければならない。それというのも、静止しているかに見える物体のどれもじつはそうではないかもしれず、そして、相対的に動いている同じ事物がほんとうは静止しているかもしれないからである。そして、これとまったく同様に、ひとつの同じ物体も、その場所がさまざまに規定されるのに応じて、同時に相対的な静止と運動の状態にあるということがありうるし、あるいはさらに、同時に正反対の相対運動をともないながら動くということさえありうる。[201] 見かけの運動にはこうした曖昧さがすべて見いだされうるが、しかし真の絶対的な運動においてはけっしてそういうことはない。したがって後者だけが哲学において考察されるべきである。そして、われわれが耳にするところによれば、真の運動が見かけの運動あるいは相対運動から区別されるのは、以下の特性による。第一に、真の運動あるいは絶対運動においては、全体にかんして同じ位置を保つすべての部分は、全体の運動をも分けもつ。第二に、場所が動くからには、その場所のなかに位置するものもまた動く。したがって、動いている場所のなかで動いている物体は、おのれの場所の運動をも分けもつ。第三に、真の運動は、物体そのものに加えられた力による以外には、生じることも変化することもない。第四に、真の運動は動く物体に加えられた力によってつねに変化する。第五に、たんに相対的な円運動においては遠心力は存在しないが、しかしそれにもかかわらず、真のあるいは絶対的な円運動においては、遠心力は運動量に比例する。[202]

一二 しかし、このように語られているにもかかわらず、相対運動以外の運動がありうるとは思えない。したがって、運動を考えるためには、その相互の距離ないし位置が変化する少なくとも二つの物体が考えられねばならない。だから、たった一つの物体しか存在しないのであれば、それが運動することはおよそありえない。私がもちうる運動の観念はかならず関係を含むのであってみれば、以上のことは明らかであると思われる。[203]

一一三 しかし、どの運動においても一つ以上の物体を考える必要があるにもかかわらず、一つの物体だけが運動することもありうる。[204] すなわち、距離の変化を引き起こす力が加えられている物体、あるいは換言するなら、そうした作用が付与されている物体だけが運動[205]

する場合である。それというのも、相対運動を定義するにあたって、何か他の物体からの距離を変化させる物体を運動すると呼び、そうした変化を引き起こす力あるいは作用がその物体に付与されるか否かを問わない人がいるとしても、(206) 相対運動は感官によって知覚され日常生活において見られるものであるから、常識をそなえた人なら誰でも最優秀の哲学者と同じくらいに、相対運動とは何かを知っているからである。そこで私は誰にせよ尋ねたい、通りを歩くとき彼がその上を過ぎていく石は、彼の足との距離を変えるがゆえに動くと言われていいのだろうか、この言い方は彼がそのときに感じる運動に適っているだろうか。私に言わせれば、運動はあるものと他のものとの関係を含むにしても、この関係の項のおのおのが運動と呼ばれなければならないわけではない。ある人が何かを考えているからといって、その考えられている何かが考えるわけではないのと同様に、ある物体が他の物体の方へ動く、あるいは他の物体から動くからといって、その当の他の物体そのものが動くわけではないのである。(207)

一一四　場所がさまざまに規定されることがあるのに応じて、その場所に関係する運動もさまざまである。ある船のなかの人は、船の舷側にかんしては静止しているけれども、陸にかんしては動いていると言われる。あるいは、彼は船の舷側から見れば東へ動くが、陸から見れば西へ動くと言われる。人びとは日常生活で何らかの物体の場所を規定するために、地球のそとに出ることはけっしてない。つまり、地球から見て静止しているものは、絶対的に静止しているとみなされる。しかし哲学者たちはもっと遠くまで思考を広げ、事物の秩序をもっと正しく考えるので、地球そのものでさえ動くということを明らかにする。そこで彼らはこうした考えを堅固なものにしようとして、物体の世界には限りがあり、そしてこの世界の一番端の不動の壁あるいは殻は真の運動を計測するための場所だと考えているように思われる。[208]ではわれわれ自身はどう考えるのかを調べてみるなら、われわれがその観念をつくることのできる絶対運動はすべてじつはこのように定義される相対運動にほかならないことが判明すると思う。それというのも、すでに〔第一一二節で〕述べたように、あらゆる外的関係を排除した絶対運動は理解不可能だからであり、〔第一一一節の最後で〕絶対運動に帰された先述の特性、原因そして結果はすべて、もし私の間違いでなければ、この種の相対運動に符合することが見いだされるからである。遠心力について、それは相対的な円運動にはけっして属さないと言われていたが、そのことを論証するために持ち出された実験からどうしてこの発言が帰結するのか私には分からない。『自然哲学の数学的諸原理』定義八への注解を見よ。それというのも、前節から明らかなように、容器のなかの水は、最大の相対的な円運動をもっていると言われる時点では、いかなる運動ももっていないように思われるからである。[209]

一一五 〔前節最後の理由をさらに補強するなら、〕ある物体を運動していると名づけるためには、第一に、それが何か他の物体にかんしてその距離や位置を変えるということ、第二に、この変化を引き起こす力あるいは作用がこの物体に加えられるということが必要である。これら二つの条件のうちどちらかが欠けているなら、ある物体が動いていると語るのは、人類の思慮分別にも言語の適切な用法にも適うとは思えない。ある物体が何か他の物体からの距離を変えるのを見るとき、たとえその物体にいかなる力も加えられていないとしても、われわれがこの物体は動いていると考えるのはなるほど可能だと認めよう(この意味では見かけの運動は存在するだろう)。しかし、われわれがそのときそう考えるのは、動くと考えられる当の物体に距離の変化を引き起こす力が加えられているもしくは付与されている、とわれわれが想像しているからにほかならない。だからこそわれわれは、動いていない事物を動いていると取り違えることもある。それだけのことである。[210]

一一六 これまで述べてきたことから明らかなように、運動を哲学的に考察したところで、絶対空間が存在することにはならない。絶対空間は感官によって知覚される空間から区別され、そして物体と関係する空間からも区別されることになっている。〔しかし、運動がすべて相対的であるのに応じて、空間もまたすべて「知覚される」相対空間であり、〕この空間が精神のそとに存在できないことは、感官の他の対象すべてについて同じことを証明するのと同じ原理に基づいて明らかである。そして、もし注意深く調べるなら、すべての物体を排除した純粋空間の観念をつくることすらできないこともおそらく判明するだろう。この観念が不可能であると思われるのは、それがきわめて抽象的な観念であるからだ、と私は言わねばならない。私が自分の身体の何らかの部分を動かすとき、もしその運動が自由で抵抗に遭わなければ、そこには空間があると私は言う。しかし、もし抵抗があるなら、そのとき私は、そこに物体があると言う。そして、運動への抵抗が小さいか大きいかに応じて、その空間はより純粋であるかより純粋でないと私は言う。したがって、私が純粋空間あるいは空虚な空間という言い方をするとき、この空間という言葉が物体や運動から区別された観念、あるいはそれらなしに考えられた観念を表わしていると想定してはならない。まことにわれわれは、どの名詞も何らかの区別された観念を、つまり他のすべての観念から切り離されうる何らかの観念を表わしていると思いがちであるけれども、このことこそ数限りない誤解をこれまで引き起こしてきたのである。したがって、私自身の身体を除いて世界のすべてが絶滅させられたと想定するとき、それでもなお純粋空間が残ると私は言う。これによって私が意味しているのは、私の身体の四肢がまったくなんの抵抗も受けないであらゆる方向に動くことが可能だと私が考えるということでしかない。しかし、もしこの身体もまた絶滅させられるなら、いかなる運動もないだろうし、したがっていかなる空間もないだろう。視覚が純粋空間の観念を与えてくれると考える人がいるかもしれない(211)。しかし他のところですでに示したところから明らかなように、空間と距離の観念はこの感官によって獲得されるのではない。『視覚新論』〔第一二六節〕を見よ。

一一七 純粋空間の本性にかんして識者たちのあいだで生じてきた論争と難点のすべては、以上述べてきたことによって解消されると思われる。しかし、これまでの論述の主要な利点は、この主題について考えてきたいろいろな人たちが陥ったと思い込んでいるある危険なディレンマから逃れられるということである。つまりそれは、ほんとうに存在する空間は神であると考えるか、それとも、永遠で創造されず無限で不可分で不動である何かが神のほかに存在すると考えるかのいずれかであるというディレンマである。これらのどちらも有害で馬鹿げた考えであると思われるのは当然である。なるほど、少なからざる聖職者たちは、さらには著名な哲学者たちもまた、空間に限界があるとか空間は絶滅させられると考えるのは難しいということを理由にして、空間は神的であるにちがいないと結論してきた。そして近頃の人たちのなかには、神の共有不可能な属性が空間と符合することを指摘するよう努める者さえいる。[213] しかし、こうした学説がどれほど神の本性にふさわしくないと思われるにしても、もしわれわれが広く受け入れられている意見にしがみつくなら、いかにしてそれから逃れられるのか私には分からない。[212]

一一八　自然哲学については以上のとおりである。次いで、思弁的学問のもうひとつの重要な部門、すなわち数学についていくらか論じることにしよう。数学においては、ほとんど他のどこにも見られないくらいに、その証明は明晰で確実である。それゆえに数学は称賛されているのだが、しかし、もしもその原理のなかにこの学問の研究者たちが人類の他の人たちと共有する何か隠れた虚偽が潜んでいるなら、数学といえども誤謬から完全に免れているとは言えない。数学者たちはその定理をきわめて高度の明証性から引き出すけれども、彼らのこの明証的な第一原理は量の考察を超えることはない、つまり彼らは、すべての個別学問を超えてそれらに影響する最高原理の探求にまで高まることはない。したがって、この最高原理のなかに虚偽が含まれているなら、これら個別学問のどれも、数学さえ例外とはしないで、この誤謬を共有することになるだろう。数学者たちが掲げる第一原理が真であること、そしてこの原理から彼らが定理を引き出すやり方が明晰で疑問の余地がないことを、われわれは否定しない。しかしわれわれに言わせれば、数学の対象を超えるほど大きな射程をもった何らかの誤った最高原理があるかもしれないし、しかも、この最高原理はまさにそれほどの射程をもっているがゆえに、暗黙のうちにこの学問の進展のすべてにわたって想定されているにもかかわらず、表だって言明されることがない。そして、この吟味されていない隠れた誤謬の悪影響が、この学問のすべての部門に拡散している。率直に言うなら、抽象的で一般的な観念が存在するという学説、そして対象が精神のそとに存在するという学説から生じる誤謬に、数学者たちは他の人びとに劣らず関与しているのではなかろうかと、われわれは怪しんでいるのである。

一一九　算術は数の抽象的観念をその対象にしていると考えられてきた。数の特性や相互関係を理解することは、思弁的学問の卑しからざる部分だと想定されている。思考を異常なまで繊細に高めようとしたと思われる哲学者たちによれば、抽象的な数は知性によって把握される純粋な本性をもっている。この意見のゆえに数は尊敬の的であったし、数にかんするきわめてつまらない思弁ですら、実生活では何の役にも立たずむしろ混乱を助長するだけであるにもかかわらず、高く評価されてきた。そこで、この意見によってその精神がはなはだ汚染された幾人かの人びとは、数には強力な神秘が含まれていると夢みて、数によって自然物を解明しようと試みてきた[214]。しかし、われわれ自身の頭のなかを覗き込み、これまでに語られてきたことを考察するなら、われわれはこのように高く舞い上がった抽象に低い評価を下して、数にかんするすべての探究は難解な些事[215]でしかないと考えることだろう。そうした探求は、実生活に奉仕することも、生活の利便を促進することもないからである。

一二〇　抽象的な単一性については、以前に第一三節で考察しておいた。この節ならびに序論で言われたことから明らかなように、そのような観念など存在しない。しかるに、数は単位の集まりと定義されるから、もしそのような抽象的な単一性や単位がないとするなら、数詞や数字で表記される抽象的な数の観念もまたないと結論できるだろう。したがって、算術における理論は、もし数詞や数字から切り離され、さらにすべての使用や実生活から切り離され、はたまた数え上げられる個別的な事物からも切り離されるなら、いかなるものをも対象にしていないと想定していい。ここから見てとれるように、数にかんする学問はことごとく実生活に従属しているのであり、たんなる思弁の問題とみなされるときには、まことに虚しく不毛なものになってしまう。

一二一　しかしながら、抽象的真理を発見するという一見すると素晴らしい外見に惑わされて、何の役にも立たない算術的法則や問題で時間を浪費する人びともいるかもしれないから、もっとじっくり考察して、そうした言い分の虚しさを暴き立てるのも的外れではないだろう。そしてこの虚しさを明らかにするには、算術をその揺籃期において検分し、人びとをこうした学問の研究へ駆り立てたものはもともと何であり、彼らが何を目指していたのかを注視してみるのがいいだろう。人びとはまずはじめに、記憶を容易にし計算を助けるために、石や木の小片を使ったり、あるいは書くときには、斜線を一本ずつ引いたり、点を一個ずつ打ったり、あるいはそれに類することをした、と考えるのは自然である。これらの小片等のおのおのは単位を表わすとされた、つまり、彼らが数える必要のあったものが何であれ、そのものの何かひとつを表わすとされたわけである。その後、彼らはもっと簡便な方法を見いだした。つまり、ひとつの文字をいろいろな斜線や点の代わりにした。そして最後に、アラビア人やインド人の記数法が使われるようになった。この方法においては、少数の記号すなわち数字が繰り返され、おのおのの数字が占める位置に応じてその意味が変わることによって、すべての数がきわめて適切に表現されうる。このやり方は言語に合わせて行われたと思われるので、数字による表記と名前による表記のあいだには厳密な平行関係が観察される。すなわち、九個の単純な数字は最初の九つの数詞に相当し、前者における位置は後者における桁名称に対応する。そして、単独での数値と桁の数値というこうした条件に適合させて、部分になる一定の数字や記号から、全体を示すにはいかなる数字がどのように配置されるのが適切であるのかを発見する方法、あるいは逆に全体から部分を発見する方法が編み出された。そして、求められる数字を発見してしまうと、同じ規則あるいは平行関係が一貫して観察されるから、数字を言葉にして読むのは容易になり、こうして数は完璧に知られるようになる。なぜなら、いかなる個別的な事物の数も、それが知られると言われるのは、われわれが数詞を知るとき、あるいは、〔この数詞との〕恒常的な平行関係にしたがって事物に属する（適切に配置された）数字をわれわれが知るときだからである。こうなるのはなぜかと言えば、これらの記号が知られるなら、算術の操作によってわれわれは、こうした記号によって表わされる個別の計算結果のいかなる部分の記号をも知るのであって、このように記号において計算する[216]ことによって（さまざまな量の事物の一つ一つが単位とみなされるなら、それらの量の数と記号のあいだには恒常的な結合があるから）、われわれは数え上げようとしている事物そのものを正しくひとまとめにしたり分割したり分配したりできるようになるからである。[217]

一二三　したがって、算術においてわれわれは事物ではなくて記号を注視する。それにもかかわらず、記号が注視されるのは、それ自身を目的にしてのことではなくて、事物にかんしていかに行為し、事物をいかに正しく処理するのかをそれらの記号がわれわれに教えてくれるからである。さて、われわれが言葉一般について以前に（序論の第一九節で）観察したところによれば、ここでもまたこう考える人たちがいるかもしれない。つまり、数詞や数字は、われわれの精神に個別的な事物の観念を示唆しないかぎりで、抽象的観念を表示しているのだ、と。いまこの主題についてもっと綿密に論述するのは差し控えるが、しかし、次のことだけは言っておこう。つまり、これまで述べてきたことから明らかなように、数にかんする抽象的真理や法則とみなされているものが対象にしているのは、じつは数えられうる個別的な事物だけである。さらに加えて言えば、数詞と数字もまたその対象になるが、しかし、これら数詞や数字はもともと、人びとが数える必要のあったあらゆる個別的な事物の記号であることによって、つまりその個物を適切に代理できるという理由によってのみ、考察されるようになったのである。ここからも分かるように、それ自身を目的にして記号を研究するのが愚かで不毛であるのは、言語の真の用法を無視して、つまりもともとの意図や有用性を無視して、言葉にかんする場違いな批評、あるいはたんに言葉の上だけの推論や論争に時間を費やすのと同断である。

一二三　数から延長へ話を進めよう。相対的なものと考えられた延長は幾何学の対象である。[218] そして、この学問の基本書〔ユークリッドの『原論』〕では、公理としても定理としても明言こそされていないものの、有限な延長の無限分割可能性がこの学問のいたるところで想定されており、幾何学における原理や証明と不可分かつ本質的に結びつくと考えられているので、数学者たちはこれをけっして疑わず問題にさえしない。そして、この考え方こそ幾何学において混乱を引き起こす非常識すべてを生みだす根源であるし、こうした非常識は人類の平明な常識に真っ向から逆らい、学問によってまだ毒されていない精神にはまったく受け入れがたいものである。さらには、数学の研究をきわめて難解かつ冗長にしている込み入った極度の些事すべての主たる根拠もまた、この考えなのである。そこで、有限な延長はけっして無数の部分を含まない、すなわち無限に分割できないことを明らかにできるなら、人間理性の恥辱とみなされてきた途方もなく多くの困難と矛盾から幾何学という学問をただちに解放し、それと同時に、幾何学の習得をこれまでよりもはるかに手間暇のかからない仕事に変えることだろう。[219]

一二四　どの個別の有限な延長も、われわれの思考の対象でありうるかぎりは、精神のなかにのみ存在する観念であり、したがってこの延長のどの部分も知覚されねばならない。

それゆえ、私が考えている有限な延長において無数の部分を知覚できないのなら、それらの部分がその延長に含まれていないことは確実である。しかるに、何らかの個別的な線、面あるいは立体を私が感官によって知覚するにしろ、あるいは私の精神のなかで思い描くにしろ、これらの線、平面、立体において、私が無数の部分を見分けられないのは明らかである。したがって私は、それらの部分はそこに含まれていないと結論する。私にとって何よりも明白なのは、私が考えている延長は私自身の観念でしかないということであり、そして、これに劣らず明白なのは、私の観念のどれひとつとして無限数の他の観念に分解できない、つまり、私の観念は無限に分割できないということである。もし、有限な延長ということによって有限な観念とは区別される何かが意味されるなら、それが何であるか分からない、したがってそれについてはいかなることも肯定もしくは否定できない、と私は宣言する。しかし、延長、部分等々の術語が何らかの理解可能な意味に受け取られるなら、つまり観念として受け取られるなら、有限な量もしくは延長は無限数の部分からなると語ることは、誰でもただちに承認するほどにきわめて明白な矛盾である。そうした発言が理性的被造物の同意をえることなど不可能であろう。なぜなら、たとえ回心した異教徒が穏やかでゆっくりとした歩みによって化体[220]を信じるようになるとしても、理性的被造物はどれほど徐々にであれそうした発言に同意することなどないからである。古くからの根強い偏見はしばしば原理のなかに潜りこむ。そして、いったん原理の効力と信用を得てしまった命題は、それ自身だけでなく、そこから引き出されうるすべての命題もまた同様に、あらゆる吟味を免れると考えられるようになる。そして、どれほど粗雑な不合理であろうとも、こうした手段によれば、人間の精神はすぐにもそれを鵜呑みにしてしまうのである。

一二五　その知性が抽象的で一般的な観念[221]の学説に囚われている人は、(感官の観念についてどう考えるにせよ)抽象的な延長が無限に分割可能であることに納得するかもしれない。そして、感官の対象が精神のそとに存在すると考えている人は、まさにそう考えるがゆえに以下のことを認めるようになるだろう。すなわち、たった一インチの長さの線は無数の部分を含みうるのであって、これらの部分はあまりに小さくて見分けられないけれども、ほんとうに存在するのだ、と。これらの誤謬は余人のみならず幾何学者たちの精神のなかにも移植され、彼らの推論に同じような影響を与えている。しかし、延長の無限分割可能性を支持するために使われる幾何学由来の議論がこうした誤謬に基づいていることを示すのは困難なことではないだろう[222]。さしあたりわれわれは、数学者たちがこぞってなぜこれほどまでにこの無限分割可能性の学説を偏愛し固守するのかを、概括的に述べるだけにしておこう。

一二六　他のところ（序論の第一五節）ですでに述べたように、幾何学における定理や証明は一般的な観念にかかわる。その節では、このことがいかなる意味で理解されるべきかが解明されている。すなわち、幾何学の作図に含まれる個別的な線や形は異なった大きさをもつ無数の他の線や形を代表すると想定されている。あるいは換言すれば、幾何学者はこれら無数の線や形をその大きさを度外視して（abstract from）考察する。しかしだからといって、彼が抽象的（abstract）観念をつくっているということにはならない。むしろ彼は、その個別的な大きさが何であるか、つまり大きいのか小さいのかに頓着せずに、この大きさを証明にとってはどうでもいいものとみなす。しかしながらこの結果として、作図におけるある線が、たった一インチの長さしかなくとも、まるで一万の部分を含むかのように語られざるをえなくなる。その理由は以下のとおりである。[223] この線はそれ自体においてて考慮されるのではなくて、一般的であるかぎりで考慮されており、そして、この線が一般的であるのは、それが表示のはたらきをするからにほかならない。[224] つまり、このはたらきによって、その線そのものはけっして一インチを超えないにもかかわらず、自分よりも長い無数の線を代理する。そして、こうした長い線においてであれば、一万やそれ以上の部分は見分けられうる。[225] このようにして、これら表示される線のこうした特性が（きわめてありふれた比喩的な語り口[226]によって)、それらを表示するものに移し替えられ、そこからさらに進んで、この表示するもの自身に属すると誤解されるようになる。

一二七　ある線が含む部分がどれほど多くても、その線はかならずそれよりも多い部分を含むのだから、この一インチの線は指定されるいかなる数よりも多い部分を含む、と言われている[227]。しかし、この主張は絶対的に〔それ自体で〕受けとられたそのインチに当てはまるのではなく、そのインチによって表示される事物にのみ当てはまる。それにもかかわらず、人びとはこの区別を保持せずに考えるものだから、紙のうえに書かれたこの小さな個別的な線はそれ自身のなかに無数の部分を含むと信じ込んでしまう。一インチの一万分の一の部分といったようなものは存在しないが、しかし、このインチによって表示されうる一マイルや地球の直径の一万分の一の部分は存在する。したがって、私が紙のうえに三角形を描き、たとえば、長さが一インチを超えない一辺を〔地球の〕半径とみなす[228]とき、私はこの半径が一万あるいは一〇万あるいはそれ以上の部分に分割されると考える。なぜなら、それ自体で考えられたこの一インチの線の一万分の一の部分はまったくの無であり[229]、したがって、それを無視しても何の誤謬も不都合もないけれども、しかしながら半径として描かれたこれらの線は、もっと大きな量を代表する記号にほかならず、おまけにこの量の一万分の一の部分はきわめて大きなものでありうるから、実生活での大きな誤謬を防ぐためには、その線として描かれた半径は一万あるいはそれ以上の部分からなるとみなさねばならないからである。

一二八 何らかの定理を一般的に使用するためには、紙のうえに描かれた線について、それがじっさいには含んでいない部分をまるで含むかのように語らざるをえなくなる理由は、以上述べてきたことから明らかになる。しかしながら、徹底的に吟味してみれば判明するように、そう語らざるをえないからといって、われわれは一インチそのものを千の部分からなる、あるいはそれらの部分に分割できると考えることはできず、むしろ、この線によって代理される一インチよりもはるかに大きい何か他の線だけをそのようなものとして考えることができる。おまけに、われわれがある線は無限に分割可能であると言うとき、われわれは無限に大きな線のことを考えざるをえない。前節までに述べたことが主たる理由になって、幾何学においては有限な延長の無限分割可能性を想定しなければならないと考えられてきたのであろう。

一二九 この誤った原理から帰結したいろいろな不合理や矛盾はどれも、その原理を論駁する証明だと考えてもいいだろう。しかし、いかなる理屈によるのかは分からないが、アポステリオリな論証[230]は無限にかんする命題の論駁とは認められないと主張されている。まるで、まさに無限な精神にとっては、矛盾したものを調停することは不可能ではないといわんばかりである。あるいは、不合理で矛盾したものは真理と必然的に結合し、真理から出てくるといわんばかりである。しかし、この言い訳は通用しないとみなす人なら誰でも、無精な精神を甘やかすためにこの言い訳が考案されたと思うだろう。なぜならこの精神は、かつて真なるものとして受け入れてきた原理の厳しい吟味をやり遂げるのではなく、むしろ怠惰な懐疑主義を黙認したがるからである。

一三〇　近年、無限にかんする思弁は、きわめて高揚して奇妙な考えにまで達しており、当代の幾何学者たちのあいだに少なからぬ疑念と論争を引き起こすまでになった。非常に著名なある人たち[231]は、有限な線は無数の部分に分割されると主張するだけでは満足せずに、さらに進んで、これら無限小のおのおのはそれ自体で無限な他の部分に、つまり第二位数の無限小に下位分割され、そしてこの無限小もまたさらに無限な他の部分に下位分割されるといったぐあいに、この分割が無限に続くと主張する。[232]私に言わせれば、これらの人びとは、けっして終わることのない無限小の無限小の無限小の云々があると言っていることになる。したがって彼らによれば、一インチは無数の部分を含むだけでなく、無限の部分の無限の部分の無限の部分の云々といった無限に続く部分を含むことになる。ところが他の人たち[233]は、第一位数より下位の無限小の位数はすべてまったくの無であると主張する。なぜなら、[234]〈何らかの正の延長量あるいは延長部分は、それを無限に増やしても、せいぜいのところ与えられている最小の延長に等しい〉[235]と想像するのは、当然のことながら不合理だと考えるからである。しかしながら他方で、正の実数根の二乗、三乗あるいは他の累乗はそれ自体まったくの無であると考えるのも、いまの不合理に劣らず不合理であるように思われる。しかし、第一位数の無限小を主張して、それに引き続く位数のすべてを否定する人たちは、この不合理を言い張らざるをえなくなる。

一三一　したがって、上記の人たちはどちらも間違っていて、何らかの有限な量のなかに含まれる無限小の部分あるいは無数の部分といったようなものはないと結論していいのではなかろうか。しかし、あなたがたは言うだろう、「もしあなたのこの見解が勝ちをおさめるなら、幾何学のまさに基礎そのものが破壊されることになろう。そして、この学問をきわめて驚くべき高みにまで引き上げてきた偉大な人たちは、その間ずっと空中楼閣を築いていたことになる」。これにたいしてはこう答えよう。幾何学において有用で人間生活の利便を促進するものはすべて、われわれの原理に立っても堅固なままで揺らぐことなどない。この学問はその実用性という点では、これまで述べてきたことから不利益をこうむるよりはむしろ利益を受け取ることだろう。しかし、この点を適切に解明することは、[236]別の探究の主題であろう。[237]その他のことについて言うなら、思弁的数学のもっと入り組んだ複雑な部分のいくつかは真理を毀損することなく削ぎ落とされるけれども、だからといってそこから人類にとっていかなる損失が引き出されることになるのか、私には理解できない。むしろ反対に、たいへんな能力と粘り強い勤勉をもち合わせた人たちがそうした厄介ごとなど考えずに、生活の関心事にもっと密接にかかわること、あるいは生き方にもっと直接に影響することの検討に思考を費やすほうが、まことに望ましいことだろう。

一三二[238] あなたがたはこう言うだろう、「疑う余地なく真であるいろいろな定理が無限小を使う方法によって発見されている。もしも無限小の存在が矛盾を含むとすれば、こんなことはありえなかっただろう」。これにたいして私はこう答えよう。徹底的に吟味すれば分かるように、〈有限な線の無限小の部分〉あるいは〈感覚可能な最小量[239]以下の量〉を使ったり考えたりする必要などまったくない。それどころか、明らかに誰もそんなものを使ったり考えたりしていない。なにしろ、そうすることは不可能なのだから。[240]

一三三　これまで述べてきたことから明らかなように、きわめて多くの重大な誤謬はこの論考の先の部分で論駁しておいた誤った原理から生じてきた。そして、これら誤謬だらけの原理と反対の原理なら、とりもなおさずきわめて実り豊かな原理であるように思われる。それというのも、この原理から真の哲学ならびに宗教にとって非常に有益な数え切れないほどの帰結が出てくるからである。とりわけ、これまで指摘してきたように、物質という想定、つまり物体的対象が絶対的に存在するという想定こそ、人間にかんする知識であれ神にかんする知識であれ、あらゆる知識にたいするもっとも邪悪な公然の敵がもっぱら拠りどころとし確信してきたものにほかならない。そして以下のことが言えるとするなら——すなわち〔第一に〕、思考しない事物がほんとうに存在するということをそれが知覚されていることから区別し、それらの事物に人びとの精神[24]のそとでの自存を認めるなら、何ひとつとしてまったく説明されず、むしろ反対にきわめて多くの説明不可能な難点が生じるということ。〔第二に〕物質という想定は、たったひとつの根拠にすら基づいていないがゆえに、まったく当てにならないということ。〔第三に、〕その想定からの帰結は吟味と闊達な探究の光に耐えられず、無限なものは理解不可能であるというよく耳にする暗愚な口実のもとに隠れるということ。〔第四に、〕この物質を除去したところで悪い帰結などまったく出てこないのであって、物質などなくてもいっこうにかまわず、むしろすべては物質がある場合と同じくらいうまく、いやそれどころかその場合よりもはるかに容易に考えられるということ。そして最後に、精神と観念のみを想定するだけで、懐疑主義者と無神論者の双方が永遠に沈黙し、この想定は理性と宗教のどちらにも完璧に合致するということ――以上のことが確実に言えるとするなら、この想定は承認され固く保持されると期待していいと思う。たとえこの想定が仮説としてのみ提出され、物質の存在が可能だと容認されたとしても、やはりそう期待していいだろう。けれども私は、物質の存在が可能ではないことを明白に証明したと思っている。

一三四　なるほど、前述の原理の結果として、学問のかなり立派な部分とみなされているいろいろな論争や思弁は無用なものとして拒否される。しかし、このように言うと、すでにこのたぐいの研究に深くはまり込み、かなり先まで進んでしまった人たちは、われわれの考えを大いに毛嫌いするかもしれない。だがそれにもかかわらず、他の人たちならこう考えると期待したい、すなわち、ここで述べられた原理や主張が研究の労を軽減し、人間的知識を従前よりもっと明晰で簡明で容易に到達できるものにするなら、こうした原理や主張を嫌悪する正当な理由などない。

一三五　観念についての知識にかんして述べようと思ったことを済ませたので、われわれが〔第八六節冒頭で〕提示しておいた順序にしたがって、次に精神を扱うことにしよう。これにかんして人間的知識は、普通そう想像されているほどに不十分であるわけではない。われわれが精神の本性について無知であると考えられる大きな理由として挙げられているのは、われわれがその本性の観念をもっていないということである。しかし、人間の知性が精神の観念を知覚しないということは、そうした観念が存在することなど明らかに不可能であってみれば、たしかにその知性の欠陥とみなされるべきではない。そして、もし私が間違っていなければ、このことは第二七節ですでに証明されていた。ここではこれに加えて言っておこう、すなわち、すでに示されたように、精神とは思考しない存在者すなわち観念がそのなかに存在できる唯一の実体あるいは支えであるが、しかし、観念を支えるあるいは知覚するこの実体そのものが観念である、あるいは観念に似ているというのは、明らかに不合理である。

一三六　あなたがたはおそらくこう言うだろう、「(幾人かの人たちが想像したように) 実体をも知るのに適している感官がわれわれには欠けていて、もしわれわれがこれをもつなら、ちょうど三角形を知るのと同様に、われわれ自身の魂を知ることができるだろう」[242]。これにたいして私は以下のように答える。われわれに新しい感官が授けられるとしても、われわれがそれによって受け取るのは何か新しい感覚つまり感官の観念だけだろう[243]。しかるに、魂とか実体という術語によって意味されるものが何か個別的なたぐいの観念ないし感覚でしかないと言う人などいないと思う。それゆえ以下のように結論していいだろう、すなわち、あれこれ適切に考えるなら、丸い四角を理解できないということでわれわれの能力を責めるのは筋が通らないのと同様に、精神あるいは能動的な思考する存在者の観念をわれわれに提供しないということでわれわれの能力に欠陥があると考えるのも筋違いである。

一三七　観念すなわち感覚が知られるのと同じやり方で精神は知られうるという意見から、魂の本性にかんして多くの不合理で異端的な主張や手に余る懐疑主義が出てきた。おそらくはこの意見のせいで、どう調べても魂の観念をもっていることが見いだせないがゆえに、身体から区別される魂を自分はそもそももっているかどうか疑う人たちさえ出てきた。観念は能動的ではなく、それが存在するということは知覚されているということにほかならない。それにもかかわらず、観念はそれ自体で自存する作用者の似像あるいは類似物であると主張する人たちがいる。彼らを論駁するには、これらの言葉で意味されていることに注意してみるだけでいい[244]。しかしおそらくあなたがたは言うだろう、「観念は、〈思考し、作用し、それ自体で自存するかぎりでの精神〉に似ることはできないけれども、何か他の点では似ることができる。そして、観念あるいは似像があらゆる点で原像に似ている必要はない」。

一三八 これにたいして私はこう答える。もし観念がいま挙げられた点で精神を再現しないとするなら、それが何か他の点で精神を再現することは不可能である。観念を意志する、思考する、そして知覚する力を除外するなら、観念が精神に似ることのできる点など残らない。それというのも、精神という言葉によってわれわれが意味するのは、思考し、意志し、知覚するものだけであり、この術語が表示しているのはまさにこれであり、これでしかないからである。したがって、これらの力がいささかでも観念[245]において再現されえないとするなら、精神の観念が存在できないのは明らかである[246]。

一三九 しかし、あなたがたはこう反論するだろう、「もしも魂、精神あるいは実体という[247]術語によって表示される観念がないとするなら、これらの術語はまったく何も表示しない、つまり何の意味ももたないことになる」。これにはこう答えよう。これらの言葉は、ほんとうに存在する事物を意味し表示している。この事物は、なるほど観念でもなければ観念に似てもいないけれども、観念を知覚し、意志し、観念について推論する事物である。私自身がそれであるもの、私が「私」という術語によって指示しているものは、魂あるいは精神的実体[248]によって意味されているものと同じである。しかし、あなたがたはこう言うだろう[249]、「これは言葉の争いにすぎない。そして、他の名前が直接に表示しているものを観念と呼ぶことには誰もが同意しているのだから、精神とか魂という名前によって表示されているものもまたなぜこれと同じ名称を分かち合ってはいけないのか」。これにはこう答えよう。精神が対象とする思考しない事物はすべて、まったく受動的で、その存在は知覚されるという点にしかその本領がないという点で一致している。ところが他方、魂あるいは精神は能動的な存在者であって、その存在は知覚されることではなく、観念を知覚し、思考するという点にその本領がある。したがって、完全に食い違っていて似ていない本性をもつ事物を同じ言葉で呼んで混同するのを避けるためには、われわれは精神と観念を区別する必要がある。第二七節を参照。

一四〇[250] 広い意味でならたしかに、われわれは精神の観念を、あるいはむしろ概念[251]をもっているといってい。すなわち、われわれはこの精神という言葉の意味を理解しているのであって、さもなければこれについて肯定も否定もできないであろう。[252] さらにわれわれは、他の人びとの精神のなかにある観念をわれわれ自身の観念を媒介にして思い浮かべる。両者が似ていると想定するからである。これと同様にわれわれは、われわれ自身の魂を媒介にして他の精神を知る。われわれ自身の魂は、広い意味では他の精神の似像あるいは観念だからである。それというのも、私の魂が他の精神にたいしてもっている関係は、私によって知覚される青や熱さが他人によって知覚されるそれらの観念にたいしてもっている関係と似ているからである。[253]

一四一　魂の自然的不滅を主張する人びと[254]は、魂に最初に存在を与えた創造者の無限の力によってすら魂が絶滅されることは絶対にありえないと考えているわけではない。むしろ彼らの意見によれば、魂の自然的不滅とは、魂は通常の自然法則あるいは運動法則による破壊あるいは解体に服していないということでしかない。これにたいして人間の魂をか細い生きた炎あるいは動物精気の塊でしかないと主張する人びと[255]は、魂を身体と同様に崩壊しうる可滅的なものにしている。なぜなら、自分がそのなかに囲われている住まいが破壊された後で生き延びることが自然的に不可能なものほど、容易に消散するものはないからである。そして、こんな考えを美徳と宗教からの影響すべてにたいするもっとも効果的な対抗手段とみなして、それを抱き大事にしたがっているのは、人類のなかでも最悪の部分である。しかしこれまで明らかになったように、身体はいかなる組織や構造をもとうとも、精神のなかのまったく受動的な観念である。したがって精神と身体は、光と闇よりももっと互いに離れ異質である。われわれが指摘したように、魂は不可分で非物体的で延長しておらず、したがって可滅的ではない。何よりも明らかなように、自然的物体に襲いかかるのをわれわれが時々刻々目にしている運動、変化、腐敗そして解体（そしてこれらこそ自然の経過ということでわれわれが意味しているものである）は、けっして能動的で単純な非複合的実体に影響することはない。したがって、そのような存在者は自然の力によって解体することはない、すなわち、人間の魂は自然的に不滅である。

一四二　われわれの魂は感官のない非能動的な対象と同じ仕方で、つまり観念を手段として知られるのではないということは、これまで言ってきたことから明らかであると思われる。精神と観念は全面的に異なった事物であるから、「それらは存在する」「それらは知られる」等々とわれわれが言うとき、これら「存在する」とか「知られる」という言葉が両者の本性に共通している何らかの事物を表示していると考えられてはならない。これら二つの本性には似たものや共通のものは何もない。そして、われわれの能力が増加したり向上したりするなら、われわれは三角形を知るのと同じように精神を知ることができるようになると期待するのは、音を見るのを期待するのと同じくらい不合理であるように思われる。このことを諄々と説くのは、いろいろな重大な問題を明らかにし、魂の本性にかんして何らかの非常に危険な誤謬を回避するために重要だと思われるからである。[256] 能動的存在者あるいは能動作用についてわれわれは、概念をもつと言ってもいいけれども、しかし厳密に言うなら、観念をもつと言ってはならないと思う。私の精神について、そして観念にかかわる精神の作用について、それら「精神」や「作用」という言葉によって意味されているものを知り、あるいは理解しているかぎりで、私は何らかの知識あるいは概念をもっている。私が知っているものについて、私は何らかの概念をもっているのである。世間がどうしても観念と概念という術語を互換的に使用したいと言い張るのであれば、そうしてはならないと言うつもりはない。しかし、非常に異なる事物を異なる名前によって区別することは、明晰さと適切さに貢献する。さらに注意しなければならないことがある。すなわち、すべての関係は精神の作用を含むので、われわれは事物のあいだの関係や関連について、適切に言うなら、観念ではなくてむしろ概念をもつと言わねばならない。しかし、観念という言葉が現代の流儀では精神や関係そして作用にまで拡張されるのなら、これはつまるところ言葉遣いの問題である。

一四三　とりわけ精神的な事物にかかわる学問を複雑で曖昧なものにするのに、抽象的観念の学説が少なからず与かってきた。このことを付記しておくのは的外れではあるまい。人びとは精神の力や作用の抽象的概念を形成できると想像してきた、つまり、そうした力や作用をそれぞれの対象や結果から隔離されたものとして[257]、さらには精神や心そのものからも隔離されたものとして考えることができると思い込んできた。こうして、抽象的概念を表わすと思われてきた大量の暗愚で曖昧な術語が形而上学と道徳に持ち込まれ、これらの術語から識者たちのあいだで数えきれない混乱と論争が繁茂してきたのである。

一四四　しかし、精神の本性と作用にかんして人びとを論争と誤謬に巻き込むのにもっとも貢献したのは、それについて感覚可能な観念から借用した術語で語る常套的なやり方である。たとえば、意志は魂の運動と呼ばれている[258]。この呼び方が吹き込む信念によれば、人間の精神は運動しているボールのようなものである。したがって、ボールがラケットの打撃によって必然的に押しやられ方向づけられるのと同様に、精神もまた感官の対象によって必然的にそうされることになる。道徳において危険な帰結を招き寄せる果てしのない疑念と誤謬がここから出てくる。哲学者たちが沈思黙考し、自分の言いたいことを注意深く考察する気になりさえすれば[259]、こうした疑念や誤謬はすべて一掃され、真理が明白、不変そして一貫したものとして姿を見せるだろう[260]。

一四五　これまで述べてきたことから明らかなように、われわれが他人の精神の存在を知るのは、その精神の作用によるしかない、あるいは、その精神によってわれわれのなかに引き起こされる観念によるしかない[261]。私が知覚するいろいろな運動、変化、つまりは観念の組み合わせは、私自身に似た何らかの個別的な作用者がそうした組み合わせに随伴し、その産出にあたって共にはたらいていることを私に教えてくれる。したがって、私が他人の精神についてもつ知識は、私の観念について私がもつ知識のように直接的ではない。むしろ、〔私のうちに引き起こされた〕観念によって媒介されている。私はこれらの観念を、私自身から区別される作用者すなわち〔他人の〕精神の結果とみなして、あるいは、この精神に随伴する記号とみなして、この精神に関係させるからである。

一四六　なるほど、何らかの事物にかんしては、人間的作用者がその産出に関与していることをわれわれは納得できるにしても、しかしながら、自然の作品と呼ばれている事物にかんしては、つまりわれわれによって知覚される観念あるいは感覚のほとんどすべての部分にかんしては、それらが人間の意志によって生みだされるのではない、あるいはそれに依存するのではないのは明らかである。したがって、そうした事物の原因となる何か他の精神が存在する。なぜなら、それらの事物がそれ自身で自存するというのは矛盾しているからである。第二九節を参照。しかし、〈自然物の恒常的な規則性、秩序そして連鎖〉、〈創造のより大きな部分の驚くべき壮麗、美そして完全性〉、〈創造のより小さな部分の申し分のない工夫〉、さらには〈全体の正確な調和と対応〉、しかし何よりも、〈いかに賞賛してもしきれない快苦の法則〉、そして〈動物たちの〔個体や種を保存する〕[262]本能あるいは自然的傾向、欲求そして情念〉――もしわれわれがこれらを注意深く考察するなら、そしてさらに言わせてもらえば、これらすべてを考察すると同時に、一にして永遠、無限に賢明で善にして完全といった属性の意味と重要性に注意を払うなら、これらの属性すべてが先に述べた精神に属していることをわれわれは明らかに見てとるだろう〔第三〇節を参照〕。なぜならその精神は「すべてのもののなかに働いてすべてのことをなさる」からであり、「万物はその精神にあって成り立っている」からである。[263]

一四七　ここから明らかなように、神はわれわれから区別される他の精神あるいは心と同じくらい確実かつ即座に知られる。[264] それどころか、神の存在は人間たちの存在よりもはるかに明白に知覚されるとさえ言っていい。なぜなら、自然の結果は人間的作用者に帰される結果よりも無限に多くかつ重要だからである。人間を示唆するどの印も、あるいは人間によって生みだされるどの結果も、自然の創造者たる精神の存在をもっと強力に明示する。それというのも、他人に影響を与えるにあたって人間の意志がなしうることと言えば、自分の身体の四肢を動かすことでしかないが、しかし、そのような運動が他人の精神のなかの観念を伴う、つまり他人の精神のなかに観念を引き起こすのは、創造者の意志に全面的に依存するからである。ひとり「その力ある言葉をもって万物を保っておられる」[265] 彼だけが精神たちのあいだの交流を維持し、この交流のおかげで精神たちは互いの存在を知覚できるのである。けれども、万人を照らすこの純粋で明白な光そのものは目に見えない。[266]

一四八　神を見ることができないというのは、無思慮な連中がよく口にする口実であるように思われる。彼らに言わせれば、もしわれわれが一人の人間を見るように神を見ることができさえすれば、われわれは神が存在することを信じ、そしてそう信じることによって神の命令に従うだろう。しかし、われわれは目を開きさえすれば、われわれの仲間の被造物のうちのひとつを見るよりももっと十分で明晰な視力をもって万物の至上の主を見る。

しかしその理由は、(幾人かが主張するように) われわれが神を媒介なしの直接的な視覚によって見るからというのではない。あるいは、われわれは物体的事物をそれ自身によって見るのではなく、神の本質のうちでそうした事物を代理しているものを見ることによって見るからというのでもない。この学説は、私にとって理解不可能であると言っておかねばならない。[267]私が言いたいことを説明しよう。人間的精神あるいは人格は、観念でないがゆえに感官によって知覚されない。したがって、われわれがある人間の色、大きさ、形そして運動を見るとき、われわれは自分の精神のなかに引き起こされたある感覚あるいは観念を知覚しているにすぎない。そして、多様な個々別々の集合体としてわれわれの視野に示されるこれらの感覚あるいは観念は、われわれ自身と似た有限な被造的精神の存在をわれわれに示してくれるのに役立つ。したがって、もし人間ということで、われわれと同じように、生き、動き、知覚し、そして思考するものが意味されるとするなら、われわれが見ているのは明らかに人間ではなく、何らかの観念の集合体である。すなわち、この集合体によってわれわれは、思考や運動の個々別々の原理があるということ、つまりわれわれ自身と似ていて、こうした集合体に伴い、これによって表わされる原理があると考えざるをえなくなる。そして、これと同じ仕方でわれわれは神を見る。違いと言えば、一方では、観念の何かひとつの有限で貧弱な集合体が個別的な人間的精神を指示しているのにたいして、他方では、われわれが視線をどの方向に向けようとも、いついかなる時でもいかなる場所でも神性の明白な印を知覚するということでしかない。人間によって生みだされる運動そのものについてのわれわれの知覚が〔その人間の〕印や結果であるのと同様に、われわれが見て聞いて触れるもの、あるいはいかなる仕方にせよ感官によって知覚するものはすべて、神の力の印あるいは結果だからである。

一四九 したがって、いささかでも熟慮できる人にとっては、神の存在以上に明白なものがないのは明らかである。すなわち神とは、たえずわれわれのもとに運ばれてくる多種多様な観念あるいは感覚をわれわれの精神のなかに生みだすことによってわれわれの精神に親密に現前する精神、そしてわれわれが絶対的かつ全面的に依存している精神、つまりはいわれわれがそのなかで生き、動きそして存在している精神だからである。われわれの精神にこれほど身近でこれほど明らかなこの偉大な真理がきわめて少数の人たちの理性によってしか見いだされないというのは、人間たちの愚かさと不注意の悲しい事例である。人びとは神性のこれほどに明白な顕現に取り囲まれているにもかかわらず、それらによって心動かされることもなく、いわば過剰な光によって目がくらまされているように思われる。

一五〇　しかし、あなたがたはこう言うだろう、「自然は自然物の産出にまったく与からないのか。自然物はすべて神の直接的で唯一のはたらきにのみ帰されねばならないのか」。これには以下のように答えよう。もしも自然ということで、もろもろの結果の目に見える系列、つまり何らかの確固とした一般法則にしたがってわれわれの精神に刻印される感覚の系列だけが意味されるとするなら、この意味で受け取られる自然がいかなる事物をも生みだせないことは明らかである。しかし、もしも自然ということで、神からも、自然法則からも、そして感官によって知覚される事物からも区別される何らかの存在者が意味されるとするなら、この言葉は私にとって空虚な音であり、それには何の理解可能な意味も結びついていないと言わねばならない。この意味での自然は、神の遍在も無限の完全性も正確に考えていなかった異教徒たちによって導入された虚しい妄想である。しかし、もっと説明がつかないのは、聖書への信仰を公言しているキリスト教徒たちのあいだで、この意味での自然が受け入れられていることである。なぜなら聖書は、異教の哲学者たちが自然のせいにするのを常としている結果をたえず神の直接の手に帰しているからである。「主は霧を立ち上がらせられる。彼は雨のためにいなびかりを起こし、その倉から風を取り出される」（『旧約聖書』「エレミア書」第一〇章一三節）。「彼は死の影を朝に変じ、昼を暗くして夜となす」（『旧約聖書』「アモス書」第五章八節）。「彼は地に臨んで……夕立をもってそれを柔らかにし、そのもえ出るのを祝福し、またその恵みをもって年の冠とされる。……牧場は羊の群れを着、もろもろの谷は穀物をもっておおわれる」(『旧約聖書』「詩編」六五歌)。しかし、聖書にはたえずこうしたことが記されているにもかかわらず、われわれはどうしたわけか、神がきわめて親しくわれわれに心を寄せていると信じるのを嫌がる。(もし聖パウロを信じていいとするなら)「神はわれわれひとりびとりから遠く離れておいでになるのではない」(269)にもかかわらず、われわれは神がはるか遠くに離れていると思い、彼の代わりに盲目の思考しない代理を据えたがるのである。

一五一　おそらくこういう反論が寄せられるだろう、「自然物の産出において観察される緩慢で段階的な方法は、全能の作用者の直接の手をその自然物の原因としていないように思われる。おまけに、奇形、早産、開花期に枯れてしまう作物、荒野に降る雨、人生に降りかかる悲惨は、自然の仕組み全体が無限の知恵と善意をもった精神によって直接に駆り立てられ指揮されているのではないことを証ししている」。しかし、この反論への答えは第六二節からきわめて明白である。いま述べられた自然の方法は、自然がもっとも単純で一般的な規則にしたがって、そして恒常的で首尾一貫したやり方ではたらくために絶対に必要であり、このはたらきが神の知恵と善意のどちらをも証しすることは明らかだからである。[270] 自然というこの巨大な機械装置の巧みな工夫の有り様について言うなら、その運動や種々の現象がわれわれの感官を刺激するにもかかわらず、その全体を駆動させる手そのものは血肉をそなえた人間には知覚できないようになっている。「まことに（預言者が言うように）あなたはご自分を隠しておられる神である」（『旧約聖書』「イザヤ書」第四五章一五節）。しかし、いささかも思考の労をとろうとはしない肉にまみれた怠惰な連中の目には神は隠れているけれども、それにもかかわらず、偏見のない注意深い精神にとっては、存在の全体系を作り上げ統御し維持している全知の精神が親密に現前することほど明白に看取しうるものはない。われわれがほかのところで述べたところから明らかなように、一般的で確固とした法則にしたがってはたらくということは生活の営みにおいてわれわれを導くためにも、そして自然の秘密に分け入るためにも欠くことができないがゆえに、もしそうしたはたらきがなければ、どれほど遠くかつ広く及ぶ思考も、どれほどの人間的賢慮や深慮も、いかなる役にも立たないだろうし、そもそもそうした能力や力が精神のなかに存在することすら不可能であろう。第三一節を見よ。このたったひとつの考察だけでも、先の自然の方法から出てくるいかなる個別の不都合をも十分に凌駕する。[271]

一五二 さらに、以下のことを熟慮すべきである。自然の欠点や欠陥ですら無用というわけではない。なぜならそれらは、ある種の[272]快適な多様性をつくる、つまり被造物のほかの部分の美しさを増すからである。これはちょうど、絵画の影がより明るく照らされた部分を引き立たせるのに役立つのと同様である。これと同じように、以下のことを吟味してみるのがいいだろう。種が発芽せず胎児が死んでしまう、そして植物や動物が十分に成長する前に不慮の事故によって死滅する。われわれはこれを自然の創造者の無思慮だとして咎める。しかしながら、われわれのこの振る舞いは、虚弱でつましい死すべき者たちに馴染んでいるがゆえに身についてしまった偏見の結果ではなかろうか。なるほど人間の場合なら、大変な苦労と勤勉の末にようやく手に入れたものを倹約しながら使うというのは、知恵として評価されるかもしれない。しかし、動物や植物の説明できないほどに精妙な機械装置が一個の小石よりももっと多くの苦労や労力を偉大な創造者に要求するなどと想像してはならない。全能の精神はたんなる「あれ」という命令によって、つまり彼の意志の作用によって、こんな差別などしないで万物を産出できるということほど明らかなことはない。ここから明らかなように、自然物の壮麗な豊饒は、それらを産出する作用者の弱さや浪費として解釈されるべきではなく、むしろ彼の力の豊かさの証拠とみなされるべきである。

一五三　自然の一般法則の結果として、さらには有限で不完全な精神の行為の結果として、この世界には苦痛や不快が混じり込んでいるにもかかわらず、現在われわれがおかれている状態にあっては、これはわれわれの安寧にとって絶対に必要である。しかし、われわれの視野はあまりに狭い。たとえばわれわれは、あるひとつの個別的な苦痛の観念だけを念頭において、それを悪とみなす。ところが他方、もしわれわれが自分の視界を広げて、事物のさまざまな目的、結合そして依存関係を理解するなら、また、いかなる機会にいかなる比率でわれわれは苦痛と快楽をもつようになるのかを理解するなら、あるいは、人間的自由の本性を理解するなら、そして、われわれがこの世界に送り込まれるにあたっての計画を理解するなら、その場合われわれは、それ自体で考察されるなら悪と見える個別的な事物も、存在の全体系と結びついているものとして考察されるなら善の本性をもっていると認めざるをえないだろう。

一五四　思慮深い人にとってはこれまで述べてきたところから明らかになるように、無神論やマニ教の異端に賛意を示す人びとは、注意散漫で理解力欠如の精神の持ち主でしかない。なるほど偏狭で無思慮な人びとは、摂理の業を、つまり美や秩序を受け入れる度量がないものだから、それらを戯画化するだろう、あるいは理解しようと努めたりしないだろう。しかし、正しく広範に思考するすべを身につけ、さらには熟考するのを常としている人たちは、自然の機構をくまなく照らす知恵と善性の神的痕跡をどれほど賞賛してもしきれない。しかしながら、どれほど強烈に精神を照らしだす真理といえども、考えるのを嫌がり故意に目を閉じれば見えなくなる。[273]したがって、ほとんどの人類が実務や快楽に余念がなく、精神の目を開いて事物を注視したことなどほとんどないがゆえに、理性的被造物において期待されていい神の存在についての確信と明証をまったくもたないとしても、それは驚くには及ばないのである。

一五五　驚くべきことに、それほど明白で重要な真理を不注意ゆえに確信しない人びとがいるだけでなく、むしろ、そのように不注意なままにとどまるほど愚かな人びとが見いだされる。けれども、恐るべきことに、キリスト教の国々に住んでいて才能も閑暇も持ち合わせているのに、怠惰で恐るべきこうした不注意だけのせいである種の無神論に陥っている[274]人びとがあまりに多い。あの全能の精神の遍在、聖性そして正義の徹底した感覚が骨身にしみて、その感覚によって啓発された魂が、その精神の法則を良心のとがめなしにいつまでも蹂躙し続けることなど不可能だからである。したがってわれわれは、以下の重要なことがらを真剣に考慮し堅持して、いかなるためらいもなしに確信できるようにすべきである——すなわち、「主の目はどこにでもあって、悪人と善人とを見張っている」[275]、神はわれわれとともにいまし、われわれが行くすべての場所でわれわれを守り、……食べるパンと着る衣服を賜う」[276]、神はわれわれのもっとも内奥の思考に現前し、それを知っている、そして[277]、われわれはきわめて絶対的かつ直接に神に依存している——これらの偉大な真理を明白に見てとるなら、われわれの心は畏敬すべき深慮と聖なるおののきによって満たされざるをえず、この深慮とおののきこそ徳へのもっとも強力な誘因であり、悪徳にたいする最良の防壁である。

一五六　それというのも、われわれの研究においてまっさきにやるべきことは、神を考察し、そしてわれわれの義務を考察することだからである。私の仕事の真意と計画はもっぱらこの考察を促進することであったから、もし私がこれまで述べたことによって読者に神の現前についての敬虔な感覚を鼓吹できないとするなら、そして、学識ある人びとの主たる仕事になっている不毛な思弁の虚偽や虚飾を示すことによって、その分だけ読者に福音の有益な真理を敬い奉じる気にさせないとするなら、私は自分の仕事をまったく無用で無効とみなすことだろう。なぜなら、この福音の真理を知り実践することこそ、人間本性の最高の完成だからである。

訳注

(1) 第二版以降、この献辞は削除された。

(2) この女王はイングランドとスコットランドを併合し大ブリテン王国を実現したアン (Anne, 1665-1714) である。

(3) 底本によると、この献辞の相手のトーマス (Thomas) は、一七〇七年から翌年にかけてアイルランド総督を務めた第八代伯爵である。バークリーは一七一三年一月にロンドンで伯爵に紹介され、以後その相識は友情にまで深まった。ロックもその『人間知性論』をこの伯爵に献じている。

(4) 底本によると、「私どもの学寮」とはダブリンのトリニティー・カレッジのことである。ペンブルク伯爵は一六九八年に五〇〇ポンド相当の図書を寄贈し、一七〇九年には新図書館建設のための五〇〇〇ポンドの議会助成金下賜に尽力した。

(5) この序文も第二版以降は削除された。

(6) 「懐疑主義 (scepticism)」については第八六〜九一節を参照。

(7) 原文の this が何を受けるのか判然としない。G/S、Kulenkampff、Renouvier そして大槻を参照し、Kulenkampff の読み方が最適と判断した。

(8) 「事物(もの) (things)」: 第八九節の「事物 (things) あるいは存在者 (being) はすべての名前のなかでもっとも一般的な名前である」という文章から見ると、バークリーがここで念頭においているのは、中世において議論された「超越概念ないし超範疇 (transcendens, transcendentia,

transcendentalia)」であろう。これは、アリストテレスの「実体」「性質」「場所」「時間」等のカテゴリー（範疇）を超えて、いかなるものにも妥当する概念規定と考えられた。ここには「一」や「真」とともに「事物（res）」と「存在者（ens）」も含まれ、これらは交換可能とみなされた（先の第八九節からの引用文中の「あるいは」はこの交換可能を含意している）。thing と being はそれぞれ、これら res と ens の英訳であろう。『哲学・思想事典』（岩波書店）の「超越概念」「超越論的」を参照。平仮名では読みにくくなる恐れがあるので、ほぼ慣例となっているこの訳語をあてた。

（9）「非常識（paradox）」：少なくとも『人知原理論』でのバークリーの用法では、日本語の「逆説」に含まれる肯定的なニュアンスは paradox にはない。つまり、「一見真理に反するように見えて、よく考えると一面の真理を表している説」（『明鏡国語辞典』）という意味はまったくなく、端的に「不合理」「虚偽」と同義である。*Oxford English Dictionary* (Second Edition on CD-ROM Version 4.0, O.U.P., 2009、以下では *O.E.D.* と略記し、同書からの引用における太字の強調はすべて宮武による）の見出し語 paradox の A.2.b. Often applied to a proposition or statement that is actually self-contradictory, or contradictory to reason or ascertained truth, and so, essentially **absurd** and **false**. を参照。

（10）「思弁（speculation）」：たとえば、第一一九節や一三一節では「実生活・実用性（practice）」との対比で使われる。

（11）底本によると、本節で要約される巷間の説は、ロックのみならず当時の一般的な見解である（第一〇一節をも参照）。Dancy（p.194）は E. 1.1.5; 2.21.73; 2.23.32; 4.3.6; 4.3.16; 4.3.23; 4.12.11 を参照指示するほかに、ニュートンの『プリンキピア』第二版の第三巻への「一般的注解」のなかの以下の箇所も指摘している。「〔わたくしたちは〕あるものの真の実体がなんであるかは少しも知らないのです。わたくしたちはものの形と色とを見るだけです。その音を聞くだけであり、その外面に触れるだけであり、その臭いをかぐだけであり、その風味を味わうだけにすぎません。その内奥の実体については、いかなる感覚によっても、いかなる省察作用によっても、うかがい知ることがないのです」(ニュートン『自然哲学の数学的諸原理』、『世界の名著26　ニュートン』河辺六男訳、中央公論社、五六三頁)。また、こうした認識がロバート・ボイル (Robert Boyle, 1627-91) をはじめとする王立協会 (Royal Society) のメンバーに広くみられることについては、カッシーラー『認識問題2-2』須田・宮武・村岡訳、みすず書房、六頁以下、とくに三二頁以下を参照。近代前半の西欧にまで視野を広げるなら、ルネサンス期に復興した古代懐疑主義とくにピュロニズムが少なからずこの知的趨勢に関与していた。これについては、Richard H. Popkin, *The History of Scepticism from Savonarola to Bayle*, Third, enlarged edition, Oxford University Press, 2003 (邦訳『懐疑――近世哲学の源流』野田・岩坪訳、紀伊國屋書店、なおこの邦訳の底本は一九六〇年の初版である) を参照。

(12)「事物の内的な本質や構造 (the inward essence and constitution of things)」: ロックはE. 3.3.15-19で、物体的実体の実在的本質 (real essence) と唯名的本質 (nominal essence) の区別を論じている。バークリーがここで「内的な本質」と書いたものは、この「実在的本質」にあたり、「内的な構造」はロックの「実在的で内的な組織 (real internal structure)」(E. 3.6.24) 等の表現の言い換えであろう (この注12その他で、essence 等に付される形容詞の real、つまり nominal の対語である real は、慣例にならい「実在的」と訳した)。

E. 3.3.17-18 においてロックは、この実在的本質をさらに二つに区分する。ひとつはプラトンのイデアに相当するもので、ロックはこの意味での本質を中世の「実体的形相 (substantial form)」

ともみなして（たとえばE, 3.6.24; 3.6.33）、これは「自然的な事物（物体的実体）にかんする知識をたいへん混乱させてきた」と否定的に評価し、ほとんど議論の対象にしていない。これにたいして、実在的本質にかんする「もうひとつのもっと理にかなった意見」によれば、「自然的な事物の感覚不可能な部分には、実在的であるけれども、しかし知られていない構造があり、この構造から感覚可能な性質が出てくる」。金（gold）の指輪にそくして言えば、「私の指輪の色、重さ、可溶性、不揮発性等々の〔感覚可能な〕性質はすべて、その指輪の感覚不可能な部分の実在的な構造に依存している」。ここの「感覚不可能な部分」はボイルの「粒子（particle, corpuscle）」を指していて、これの「実在的な構造」が実在的本質であり、ここから出てくる感覚可能な性質の集合が唯名的本質である。前注11で見たように、ニュートンはこれら二つの本質の対概念を「内」と「外」の対比でとらえているが、ロックにもほとんど同じ言い方がある。「ストラスブールの有名な時計の内部の（within）発条、歯車そして他の仕掛けをすべて知っている人の観念は、それを見つめている田舎者の観念、つまり針の動きを見たり、時計の音を聞いたりするだけで、外面の（outward）現象のいくつかしか観察しない田舎者の観念とは……まったく違う」（E, 3.6.3）。

(13) 言語については「序論」第一八～二〇節で論じられる。

(14) 「私の試み」とは第一～三三節で論証されることになる非物質論（immaterialism）のことである。以下の序論で攻撃の的になる抽象的観念の最たるものが「物質」だからである。

(15) 哲学用語としての idea ならびに notion はここが初出である。第二版で（たとえば第二七、八九、一三八、一四〇、一四二節）、あるいは『対話』（D, pp.231ff.）でバークリーは両者を区別しようとしたとよく指摘されるが、しかしこれら両者はほとんどの場合、そしてとりわけ「序論」では交換可能な言葉として使用されている。さらに管見によれば、notion が have a notion of といったかたちで書かれているときは、ほとんどの場合「知る、考える、思う」というごく日常的な意味しかもたない。さらに、バークリーがここでこの言葉に特別な哲学的意味を込めて使ってはいない証左としては、次注16を参照。

「抽象」については、以下の「序論」第七〜九節でその学説が概観され、次いで「序論」第一〇〜一七節で論駁されるが、第九七〜一〇〇節でも再論されている（とくに第九九、一〇〇節ならびに注181を参照）。ここでは、abstractという言葉について注記しておきたい。abstractはラテン語のabstrahoに由来し、これは「引きずって移動する、引き離す」を意味する。以下の「序論」第七〜九節で述べられているように、この言葉には「もろもろの個物に共通なものを引き出す、抽出する、保持する（retain）」という肯定的な意味と、「それぞれの個物に特有なもの、特殊なものを度外視する、捨象する、排除する（leave）」という否定的な意味の二つの側面がある。「抽象的観念」というときには、前者の意味での abstraho が前面に出てくるが、後者の意味で使われることも多い。そこで、訳文では煩をいとわず、そのつど原語を挿入しておいた。しかし、いずれにしろ「引き離す、分離する」が原義であり、したがって、この言葉は後続の節で使われる separate, consider...singly, consider...apart, view...by it self, single out, prescind, distinct from, etc. とその語義をほぼ共有している（訳文としてはまことに見苦しくなることを承知のうえで、これらの原語もまた挿入しておいた）。さらに、バークリーにおいて abstract が absolute とほぼ同義で使われていることも付記しておきたい。たとえば、第一一一節での absolute or abstracted sense という表現や、『対話』（D. p.192）での absolute extension, which is something abstracted from great or small の言い回しに、それが見られる。しかし、absolute がラテン語の absolvo に由来し、これもまた「〜から解放する、分離する」を原義としていることを考えれば、この用法はけっして不思議なものではない。「当のものにとって必須ではない特殊なものから切り離された」という意味は、たとえば「雑味としての水が混入していないアルコール」を指す absolute alcohol（無水アルコール）という言い方につながる。したがって、absolute には「純粋な」の意味もあるわけで、ここからさらに precise（正味の、正確な、精密な）、fine（精妙な）、simple（単純な）等の言葉につながっていく。これらはすべて「抽象的」ときわめて親密な言葉であって、これについては注17・18・38・171・174・180・181を参照。

(16)「〜の名で知られている（pass under the notion of）」：*O.E.D.* の見出し語 notion の I.1.b. では under the **notion** of の成句に under the **name** of の語釈がつけられている。これを見れば一目瞭然のように、pass under the notion of はその直前の go by the name of（〜の名で通っている）の言い換えにすぎない（この「言い換え」については、注26を参照）。同じ節でこの同じ言葉が別の意味で使用されているところから見ても、バークリーが notion に特別な意味を込めていないことが分かるだろう。注99を参照。ちなみに、独訳二種類ならびに仏訳はこの部分の notion を訳していない。「概念」の意味の notion と誤解されるのを恐れたからと思われる。また、ここで「もっとも抽象的で高級な知識の名で知られている学問」とは、おそらく「序論」第一四、一七節で言及され、第一一八〜一三二節で詳論される数学のことであろう。

(17)「隔離された（prescinded）」：この言葉は次節で precision と言い換えられ、さらにこの「隔離」の語義は、「序論」第一八節と第一〇〇節で使われる precise という言葉に引き継がれる。これについては、注38・180・181を参照。

(18)「隔離（precision）」：この表現が前節の prescinded を受けていることについては、*O.E.D.* の見出し語 precision を参照。ここでは、†2.a. The cutting off of one thing from another ; *esp.* **the mental separation** of a fact or idea ; **abstraction** を語釈として掲げ、まさにこのバークリーのフレーズ by the same precision, or mental separation が用例として掲載されている。

(19) 以下の論述については、E, 3.3.7-9; 2.11.8-9を参照。

(20)「分有する (partake in)」：プラトンの methexis を念頭においた表現だろう。

(21) 初版ではこの後に以下の文章が挿入されていた。「そうした能力などもっていないとあえて断言しておこう」。

(22)「率直に言えば……」から「……私はこの意味での抽象を認めない」までは、初版の正誤表で追記された。

(23)「分離できないものを分離する」抽象は「序論」第七節で、「個別的なものを捨象する」抽象は「序論」第八、九節で述べられていた。

(24) この節全体については第五節を参照。

(25) ジョン・ロックのこと。主著『人間知性論』は一六九〇年に出版され、彼は一七〇四年に死去した。本書出版の六年前である。

(26)「記号 (sign)」：この直前に原文にはない「～を表示する」という日本語を入れたのは、Renouvier (p.9) ならびに Kulenkampff (SS.18-19) を参照したからでもあるが、それにもまして、この言葉の派生語 signify, signification, significant 等との連関を明確にするためである。この節では sign が言葉 (word) や名辞 (term) とほぼ等置されるがゆえに、そして、後に第一〇一節以下の自然哲学の論述のなかではどうしても「記号」の訳語をあてないわけにはいかないので、そうした場合には「記号」という日本語を使用したが、しかしその必要がないときには必ずしもその訳語をあてていない。たとえば「序論」第一二節以下では、signification が多用されるが、その意味は sign がもっている「表示のはたらき」である。つまり、ロックのみならずバークリーにおいても、sign は signifier の含意で使われているのであって（第一二六節、ならびに Richmond, p.135 を参照）、ソシュールの言葉で言えば、le signifiant にあたる。

　さらに言えば、バークリーはこの signify を stand for（代表する）、represent（代理する）、suggest（示唆する）、denote（指示する）、mark out（表わす）等とじつに多様に言い換えている。こうした「言い換え」は、バークリーほどの優れた文章家には必須のレトリックだったのだろう。言い換えが「欧米文化圏に共通する……修辞学のイロハ」であることについては、米原万里「言い換えの美学」（『心臓に毛が生えている理由』所収、角川文庫）を参照。

　この「言い換え」に関連して言うなら、ここの「普遍的観念（universal idea）を表示する一般的記号（general sign）」というロックの語句にある「普遍的（universal）」と「一般的（general）」は、その語源がラテン語（universus）かギリシア語（genos）かで違っているだけであって、どちらも同じことを意味している（バークリーの場合も同様である。ちなみに、Kulenkampff はどちらも allgemein の一語で訳す。さらに Dancy, p.196, n.12 を参照）。では、なぜロックはこうした言い方をしたのか。彼の文章作成の心理を推測してみよう。彼はここで引用されている節（E. 2.11.10）の二つ前の節（E. 2.11.8）で、「言葉（word）」を「言語記号（verbal **sign**）」と呼んでいたし、その次の節（E. 2.11.9）でも「言葉」を「われわれの内的観念の外的記号（outward mark of our internal idea）」（ここの mark は sign と同義である）と表現していた。したがって、これら二つの前節の言い方に促されて、「言葉」を指すためにここで「一般的記号（*general* **sign**）」という表現を使ったのだが、しかしこの数行前で「一般的観念（*general* idea）」という言い方をしていた。同じgeneralという単語を近接した文章で三回も使うのは、彼の「言い換えの美学」に抵触する。そこで、その数行前の「一般的観念」の「一般的（general）」を「普遍的（universal）」に「言い換え」たのであろう。米原が言う「言い換えの美学」に敬意を払って、この箇所ではあえてuniversalとgeneralを訳し分けた。しかし、これに類した同義語をあえて訳し分けてしまえば、誤解を招く恐れもある。その場合には「修辞学のイロハ」に逆らうことにする。つまり、原語一語にたいして機械的に日本語一語をあてないということである。

(27) たとえば、デカルトがそうである。

(28) 「理性（reason）」の機能を「推論（reasoning）」に求めるのは、ギリシア以来の伝統である。セクストスはその『ピュロン哲学の概要』（邦訳『ピュロン哲学の概要 第一巻』藤沢令夫訳、『筑摩世界文学大系63 ギリシア思想家集』所収、『ピュロン主義哲学の概要』金山弥平・金山万里子訳、京都大学学術出版会）第一巻第六九節で、動物にも理性（logos）があることの証左として、高度な論理学規則によって「推論する」犬の逸話を記していた。セクストスを仔細に読んだモンテーニュが『エセー』第二巻第一二章「レモン・スボンの弁護」でこの逸話をほぼそのまま引きうつしている（『筑摩世界文学大系13 モンテーニュ I』、三三〇頁、さらに注11のポプキンの前掲邦訳書、五五〜五八頁）。この逸話はプルタルコスにも見られるとのことなので、この時代にはかなり人口に膾炙したらしい。ちなみに、ヒュームの『人間知性の研究（*An Enquiry Concerning Human Understanding*）』第九章「動物の理性について」によると、理性とは想像力の別名でしかなく、人間の理性と動物のそれの違いは程度の差である。

(29) 「原則（axiom）」：幾何学では「公理」を意味するが、バークリーはほぼこの意味で使用することが多く、ときに（たとえば第一二三節）これと等置されるtheoremもまた「一般的命題」「普遍的命題」「法則」「原則」の意味で使われる。注190を参照。

(30) ヒュームは『人間本性論』でこの主張を「学問世界で近年なされたもっとも偉大で価値のある発見のひとつ」(Hume, *A Treatise of Human Nature*, Selby-Bigge, Second Edition, ed. P.H. Nidditch, 1978, p.17) と評している。

(31) 一般性と代理 (representation) の関係については、ロックもすでにE. 4.17.8 でわずかながらも言及していた。

(32)「普通名詞 (common name)」: *O.E.D.* の見出し語 name には、I.2.†c. *Gram.* A **noun.** *Obs.* の語義がある。ここではこの語義で使われていると思われるので、「普通名詞」と訳した。「序論」第一八節では、これが general name と言い換えられる。「序論」第二〇節ではこれの対語として proper name が使われるが、これは現代英語でも「固有名詞」を意味する。また、以下で「名前」と訳した name は、「言葉」や「名辞」と同義である。

(33)「それだけ切り離された絶対的な (absolute, positive)」: 注15でも示唆しておいたように、absolute は「〜から解放する、分離する」を意味する動詞 absolvo の派生語であり、「それだけ切り離された」の訳語をあてておいた。さらに、*O.E.D.* の見出し語 positive には、A.II.5.a Having no relation to or comparison with other things の語釈がある。この用法はすでにロックに見られる。たとえば、E. 2.25.1 では、「それ自体で存在するようなもの」が positive things と呼ばれ、これと対になるものが relative と言われる。たとえば、カイウスを「他のものから切り離され、他のものと関係をもたない」一個の人間と見たときには、そのカイウスは positive な存在者であるが、しかし他の者、つまりセンプロニアとの関係で見たときには、彼女の夫であるがゆえに relative である。したがって、*O.E.D.* は先の語釈に続けて **opposed to relative** and comparative の語釈を掲げており、端的に **absolute**, unconditional とも言い換えている。そこで E, 2.25.6 でも、positive or absolute thing とか positive absolute idea といった冗語表現（pleonasm）的な語句（たとえば、「黙して語らず」といった言い方）も出てくることになる。この節でのバークリーの positive と absolute の語法も、このロックと同じ冗語表現であって、どちらの語もこのすぐ後に出てくる「関係（relation）」との関連で、つまりは「相対的・関係的（relative）」の対語として使われているわけである。この節での 'absolute, positive' の冗語表現を「絶対的」の一語で処理しようかとも考えたが、これら二語の連関を注釈するために、あえてこの不体裁な訳語を採用した。ちなみに、*O.E.D.* では先の語釈の用例として、『対話』(D, p.199) での You have no idea at all, neither **relative** nor **positive**, of Matter. を掲載している。念のため、この文を含む一節を訳しておこう。「すると君は物質について、相対的にしろ絶対的にしろ、いかなる観念ももっていないようだ。つまり君は、物質がそれ自体で何であるかも、偶有性とどんな関係をもっているかも知らないのだ」（傍点の強調は宮武による）。

(34) 初版はここで終わっている。以下の文章からこの節の最後までは第二版の追記。この用法についてはさらに第一六、八〇節を参照。

(35) この学問は注16末尾で記したように、「序論」第六、一四節で言及され、第一一八節以下で主題になる数学のことである。そしてこれに含まれる「非常識」は、第一二三節以下で論じられる延長の「無限分割」を指している。

(36) ギリシア語の logos は「理性」と「言語」の両方を意味する。

(37) 「普通名詞（general name）」：注32を参照。

(38) この段落のここまでの叙述で使われている precise、ならびに、原語を挿入しておいたこれの関連語について注記しておきたい。注17でも記したように、precise は abstract（抽象的）を含意しているが、この用法は、バークリーが参照するよう指示しているロックの論述（E, 3.6.39）にならっている。ここでロックは時計のwatchとclockの種差を話題にして、時計職人ならこれら二種類の時計を素人よりも「もっと綿密に区別し（make minuter divisions）」、この区別に基づいて「そのように互いに隔離された……〔watchとclockの〕観念（such precise...ideas）」を手に入れる、と論じている。ここで使われているpreciseは、同じ類のなかでの互いに異なる種の「隔離」を指しているわけで、そうなると「隔離する」というのは、「互いに隣接する種同士の境界（ラテン語でfinis, terminus）を定める（やはりラテン語でdefinio, determino）」というのと同じことを意味し、したがって「隔離された（precise）」もまた、「境界が明確に定まっている」という意味で「明確な（definite）」「確定した（determinate）」あるいは「固定した（settled）」といった言葉と類縁になる。それゆえ、これらの言葉がここで二語ずつ使われているのは、これまた冗語表現であろう。さらに言えば、この後で展開される議論、つまり「境界を定める（definio）」に由来する「定義（definition）」にかんする議論もまた、こうした語源を念頭においてのことにちがいない。

（39）Dancy（p.197, n.16）によれば、これらの意見はロックの以下の箇所を指している。「したがって、分節化した音声の他に、人は内的思考を表示する記号としてこれらの音声を使用できるということ、つまり、そうした記号としての音声に彼自身の精神のなかの観念を代表させることがさらに必要であった。こうすることによって、彼の思考や観念は他人に知られるようになるし、他の人びとの精神の思考もまた互いに伝えられるようになるからである」（E, 3.1.2）。「言葉が示しているものとは、話し手の観念である」（E, 3.2.2）。

（40）「観念をもたない（have not an idea）」：文脈上「観念」という日本語を使わざるをえなかったが、しかし、現代英語でI have no idea of what she means. と言えば、「彼女が何を言っているのかさっぱり分からない」という意味であって、ここでもそのニュアンスが含まれている。注77を参照。

(41)「固有名詞(proper name)」:注32を参照。

(42) 初版ではこの後に以下の文章が続いていた。「アリストテレスという言葉は、ある人びとの精神においては、同意や畏敬の感情とこれほど緊密かつ直接に結合しているのが常である」。

(43) 初版ではこの後に以下の文章が続いていた。「したがって、言語は学問を推進するよりはむしろ妨害するのに貢献したのではなかろうかと疑いたくなるほどである」。

(44) 初版ではこの後に以下の文章が続いていた。「私は自分の探求においては、できるだけこうした言葉を使わないつもりである」。

(45) これらの人たちとして各版では、ベーコン、ホッブズ、デカルト、ロック等が挙げられている。

(46)「第一部(Part I)」:この文字は第二版以降では書物全体の表題からは削除されたが、この箇所ではそのまま残された。

(47)「精神の受動と能動(the passions and operations of the mind)」:ここの passions を「情念」や「感情」と読み、operations を「はたらき」や「作用」と読むのが普通かもしれない。実際この段落の最後では、passions は明らかに「情念」の意味で使われている。しかし、『対話』に見られる用法は、拙訳のような読み方を可能にすると思われる。たとえば、知覚あるいは感覚が能動的かそれとも受動的かという問題をめぐる議論のなかで、バークリーの代理人のフィロナスは、「明るさや色、味、音等々はすべて等しく心における受動的状態つまり感覚である(**passions** or sensations in the soul)」(D, p.197) と述べていたり、あるいは、物質の存在を論駁する文脈のなかで、同じくフィロナスが「私の感覚、観念、概念、能動あるいは受動(my sensations, ideas, notions,

actions, or **passions**）から間接的に……思考も知覚もしない非能動的な実体を推論できない」（D. p.232）と語っていたりするからである（さらに注161を参照）。そして拙訳では、これらの用法を参看して、operation にも action の含意があると解した（ちなみに、*O.E.D.* にもその語義があるし、次節での operations と active の原語挿入も参照）。もちろん、passion を「受動」と読んだからといって、そこに感情や情念の意味が排除されるわけではない。むしろ、これらを含むより広い意味で「受動」と訳したつもりである。なお、Ueberweg もこの読み方を支持しているように思われる。すなわち、この原文に対応する彼の独訳は、das, was die Seele leidet und thut となっている。

（48）「……に注意することによって知覚されるような観念（such as are perceived by attending to...）」：原文での such as の such の後に何が省略されているかについては、二つの読み方が可能である。そのひとつは such *ideas* as の読み方で、拙訳ではこれを採用し（Fraser, Dancy, Renouvier, Richmond, Ueberweg も同様）、ここで考えられているのはロックの「反省の観念」であると読む。つまり、原文での「注意する（attend）」を「反省する（reflect）」の言い換えと解するわけである（注50を参照）。しかし、もうひとつの読み方として、such *objects* as と読むことも可能だし、主語が objects であることを考えれば、こちらのほうが文法的には自然だとも思われる。そして、研究者のなかには、この読み方を採用して、ここでの objects は次節の mind を示唆していると解釈する人たちもいる。底本の編者、そして近年では Kulenkampff そして G/S がそうである。しかし、次節の冒頭で「このような果てしなく多様な観念すなわち知識の対象すべてのほかにさらに……何か［すなわち精神］が存在する」（強調は宮武による）と述べられているところから見ると、人間的知識の対象は観念であると理解するのがむしろ自然であろう（これについては大槻、二五〇頁以下を参照）。他方、もしそう読むとするなら、今度は新たな問題が出来する。すなわち、次節で

「観念から全面的に区別される」ことになっている精神は人間的知識の対象ではなくなるが、しかし、第八六節冒頭で「人間的知識はおのずと二つの項目に、つまり観念についての知識と精神についての知識に帰着する」と明言されているからである。

（49）この立場をMusgraveはidea-ismと名づけ、イギリス経験主義の根本動向とみなしている（Musgrave, A., *Common Sense, Science and Scepticism*, Cambridge University Press, 1993, pp.85ff.）。『対話』（D, p.250）に「知性の直接的な対象は精神のなかに存在する事物（things existing in the mind）だ、という哲学者たちの言い方ほどありふれた（usual）ものはない」との一文があり、ここの「精神のなかに存在する事物」を「観念」と置き換えれば、バークリーにとってもidea-ismは自明の前提であったと言うことができよう。さらに、E.J. Ashworthによれば（'Locke on Language' in *John Locke: Critical Assessments*, vol.IV, ed. R. Ashcraft, Routledge, 1991, pp.235-258, esp. p.237, 242）、ロックがオクスフォードで学んでいた頃の標準的な論理学教科書のMartin Smiglecius, *Logica*に以下の記述があり、それもまた当時のイギリス哲学者たちが共有していたこのidea-ismを裏づけてくれると思われる。

「直接に知られるのは精神のなかに存在する対象である（scientiam esse immediate de objecto ut est in mente）、と私は答える。精神のそとの事物（res extra〔mentem〕）が知られるのは、それが精神のなかにあるもの（id quod est in mente）によって代理される（repraesentatus）かぎりにおいてのことである。……それというのも、形相として（formaliter）知られるということは、精神において（in mente）知られるということであり、精神において形成される（formari）ということだからである。したがって、事物が精神のそとに存在しようとしまいと、あるいは、そもそも存在しようとしまいと、それらが対象という資格で（per modum objecti）知られるのは、それらが形相として精神のなかに存在するからにほかならない。……そして、対象として存在する（esse objective）ということは、〈精神のなかにあって、精神のそとにない〉ということであり、それというのも、精神のそとにある事物が知られうるのは、それが精神において代理されるかぎりにおいてのことだからである。それゆえに、知られるのは精神のなかにある事物であり、知性（intellectus）のそとの事物が対象と呼ばれるのも、この精神のなかにある事物のゆえである」（*Ibid.*, pp.254-255, n.6 から再引用）。なお、Ashworth の論文を教示してくれたのは、中央大学文学部兼任講師の竹中真也氏である。

(50) 以上の記述はほぼロックにならっているのだろう。ロックの該当箇所から必要と思われる部分を引いておこう。「精神には……感官によって外的な事物〔から〕……運び込まれる……単純観念、もしくは……精神自身のはたらき（operation）への反省によって運び込まれる単純観念といった、おびただしい数の単純観念が供給されている。これらの単純観念のうちのある数の観念が恒常的に相伴うことに精神が気づくと、これらは一つの事物に属しているとみなされるので、……一つの名前で呼ばれるようになる」（E. 2.23.1）。注48で記した拙訳の読み方を支持する傍証になると思われる。

(51)「直観的に知る（intuitive knowledge）」：「論証的知識（demonstrative knowledge）」と対比される「直観的知識」については、E. 4.1.9; 4.2.1-15 を参照。なお、「論証的知識」はアリストテレスの apodeixis（論証ないし証明）に由来し、自明な命題から出発して syllogismos（推論）を重ねることによってえられる知識のことである（『分析論後書』71b18-22）。幾何学を例にとるなら、「公理」が自明な命題であって、これについての知識が「直観的知識」であり、ここから出発して推論によってえられる「定理」についての知識が「論証的知識」である。

(52)「何か他の心 (some other spirit)」：この spirit は現代英語でも用いられている「人」の意味であろう。とくに、心や精神の持ち主という意味での「人」である。たとえば、a noble spirit は「高潔な人」を意味する。前節での訳語に合わせて、ここでも「心」と訳したが、もっと意訳するなら「他人」としてもいい。しかし、第六節で明らかなように、この「心」は神を指すこともあるので、人間に限定されない「心」の訳語を採用した。同じ表現として第四八、一四〇節を参照。さらに、注60・61をも参照。

(53)「精神すなわち思考する事物 (the minds or thinking things)」：これは、現在でもデカルトの「精神」の定式として用いられる mens sive res cogitans の英語直訳であろう。

(54)「自然的に存在する (have an existence natural)」：この表現はかなり稀である。この「自然的」はおそらくギリシア語の physei に相当する語で、「本性上」とでも訳したほうがいいかもしれないが、その意味は本文にあるとおりであって、第三節の「思考しない事物は絶対的に存在する」における「絶対的」と同義である。類似の表現としては第八六節に「自然的自存……、つまり心によって知覚されることから区別される自存 (a natural subsistence, distinct from being perceived by spirits)」、そして第九一節に「自然的自存、つまりあらゆる思考する存在者の外側での自存、あるいは、およそ何らかの精神によって知覚されることから区別される自存 (a natural subsistence, exterior to all thinking beings, or distinct from being perceived by any mind whatsoever)」が見られるだけで、『対話』ではまったく使用されていない。

(55)「知性によって知覚される (percieved by the understanding)」：この言い方はロックの用法にならってのことであろう。彼は知性のはたらきを知覚 (perception) ととらえ、「われわれの精神のなかの観念の知覚」「記号の表示作用の知覚」「観念のあいだにある結合あるいは対立、一致あるいは不一致の知覚」の三種類を挙げている(E, 2.21.5)。バークリーはここで第一の「知覚」を念頭においており、したがってこれは本節の後で出てくる「感官によって知覚する」と同じことである。それゆえ、ここでの「知性」もきわめて広義に用いられ、前注54での引用例からも分かるように、心(spirit)や精神(mind)と同義である。

(56)抽象的観念への批判については、「序論」第一〇～一五節を参照。

(57)「概念(notion)」:ここでのnotionは、「序論」第六、一〇、一五節での言葉遣いと同じく、観念(idea)と同義であろう。注15を参照。

(58)初版ではこの後に以下の文章が続いていた。「じっさい、対象と感覚は同じ事物であって、したがって互いに分離する(abstract)わけにはいかない」。ここでabstractを「分離する」と訳したことについても注15を参照。なお本節でも、「序論」第七節以下と同様に、このabstractに類縁の単語はすべて煩をいとわず原語を挿入しておいた。

(59)「天界の聖歌隊(the choir of heaven)」:第五八節に「惑星の聖歌隊(the choir of the planets)」という類似の表現がある。惑星をはじめとする天体のことを指しているのだろう。

(60)「私以外の何らかの被造的存在者の精神(that(= the mind) of any other created spirit)」:注52にも記したように、ここでの「私以外のspirit」とは「他人」のことである。『対話』(D, p.190)にも「他人」を意味するほとんど同じ表現がある(that(= the mind) of some spirit of another kind)。第三節ではspiritを「心」と訳したが、ここでこの訳語をあてなかったのは、その訳語を採用すると、mind of...spiritが「心の精神」というまったく意味不明な日本語になるからである(the minds of spiritsという表現が第一三三節にも見られる)。まして「人」の訳語をあてることもできないのは、次注にも記すように、spiritは人間に限定されないからである。「存在者」

の訳語については、次注を参照。

(61)「何らかの永遠の存在者 (some eternal spirit)」：前注に記したように、バークリーでは人間だけでなく、人間よりも高度な存在者つまり神を指すときにも spirit を使用する。人間も神も包括する「存在者」の訳語は、独訳の Seelenwesen ないし Wesen にならった。第四八節を参照。

(62)「この真理を確信するためには」で始まる最後の一文は初版では以下のとおり。「ある〔幾何学の〕公理に備わる明白明証のすべてをもってこの点を明らかにするためには、読者の熟考を促すだけで十分だと思われる。そうすれば読者は、自分自身の意図するところを公平に見てとり、さらには、言葉から出てくる惑乱を免れ、流布している誤謬に加担する偏見から解放されて、主題そのものに思考を振り向けるからである」。

(63)「基体 (substratum)」：これはラテン語の substerno の過去分詞からつくられた言葉で、原義は「〜の下に (sub) 広げられている (stratum) もの」で、バークリーが「あるいは (or)」で結びつけているように、「実体 (substance)」と同義である。すなわちこの言葉も、substo の現在分詞から派生し「〜の下に (sub) 立っている (sto) もの」を原義とする。伝統的にはさまざまな性質の「下に広がっていたり立っていたり」して、それらを支えるものと考えられてきた。バークリーもこの用法を踏襲し、第一六節では support という言葉を使って、その意味を説明している。つまり、この言葉の原義は「〜の下で (sub) 担う・支える (porto)」ということである。そこで、本節の訳文ではこの「支える」を補っておいた。もちろんバークリーは「思考しない実体あるいは基体」すなわち「物質」を否定するわけで、それを主題にした議論は第一六節以下で展開される。さらに第六八、七三〜七七節、『対話』(D. pp.197-198) をも参照。

(64)「観念は観念にしか似ることができない」というテーゼはバークリー研究者たちのあいだで

Likeness Principle と呼ばれていて、本節で「あなたがた」と呼ばれているロック支持者たちの対応説を論駁する礎石になっている。『対話』(D. p.206) をも参照。

管見によれば、対応説の古典的形態はストア派の「把握的印象 (phantasia kataleptike)」と「ほんとうに存在するもの (hyparchon)」(ここでのバークリーの用語で言えば、「観念」と「思考しない実体、原型あるいは外的な事物」) の対応の考え方である。これについてセクストスは『論理学者論駁』(邦訳『論理学者たちへの論駁』金山弥平・金山万里子訳、『学者たちへの論駁 2』所収、京都大学学術出版会) 第一巻二四八節で、「把握的印象とは、ほんとうに存在するものに即応してかたどられ刻印された印象である」と説明している。そして、これにたいするセクストスの反論は以下のとおりである。「把握的印象を見つけることはできない。なぜなら、どの印象も把握的だというわけではないし、もろもろの印象のうちどれが把握的であるかを決定できないからである。なぜなら、どの印象が把握的で、どの印象がそうでないかを決定するために、われわれは単純にどんな印象を使ってもよいわけではない。把握的印象がいかなるものかを決定するために、これまた把握的印象を使うならば、われわれは無限後退に陥る。なぜなら、把握的と認められる印象を決定するために、われわれは別の把握的印象を要求しているからである。おまけにストア派は、把握的印象の概念を規定するにあたっても正しい手続きをとっていない。すなわち、彼らは一方で、把握的印象はほんとうに存在するものからやってくると言いながら、しかし他方では、ほんとうに存在するものは把握的印象を生むことができると言うのだから、彼らは循環の袋小路に陥っている」(『ピュロン哲学の概要』第三巻二四一〜二四二節)。さらに、この抽象的議論を補完する比喩は以下のとおりである。「ソクラテス本人を知っているわけではなくて彼の肖像しか見たことがない人は、その肖像がソクラテスに似ているかどうかを知ることがないのと同様に、感官の感受的状態

(pathos、バークリーの「観念」)だけを考察して外的な事物を見て取ることがない知性もまた、感官の感受的状態が外部の事物に似ているかどうかを知ることがない」(『ピュロン哲学の概要』第二巻七五節)。本節でのバークリーの文章で言えば、「色は目に見えない何かに似ているとか、硬軟は触れることのできない何かに似ている等々と主張する」のは不可能だということである。このソクラテスの例示は、『対話』(D. pp.202-204) においてカエサルに置き換えられて、そっくりそのまま使われている。バークリーはこれら一連のピュロニズムの議論から刺激を受けた可能性がある。

(65) これらの「人たち」は、前節で「あなたがた」と呼ばれ、次節以降でも論難されるロック支持者たちである。彼らの主張は『人間知性論』第二巻第八章の以下の箇所で端的に示されている。バークリーがこの節で念頭においていたと思われるロックの文章のポイントだけを以下に掲げておこう(ゴシック体の数字は節番号であり、このうち一五節に pattern の原語を挿入しておいたのは、注66での記述の伏線である)。「**八** 精神がそれ自身のうちで知覚するものは何であれ、……私はそれを観念と呼ぶ。そして、われわれの精神のなかに何らかの観念を生む力を、この力が内在する基体の性質と呼ぶ。……**九** 物体のうちでこのように考えられる性質には、まず第一に、物体がどのような状態にあっても、その物体からまったく切り離されないようなものがある。……こうしたものを私は、物体の原型的性質ないしは第一性質と呼ぶ。こうした性質はわれわれのうちに、固体性、延長、形、運動・静止あるいは数といった単純観念を生む。……**一〇** 第二に、色、音、味等々の性質がある。これらの性質は、ほんとうのところを言えば、対象そのものにおける何ものかではなくて、対象の第一性質によって、すなわち対象の感覚不可能な部分〔粒子〕の嵩、形、肌理(きめ)そして運動によってさまざまな感覚を生み出す力である。これを私は第二性質と呼ぶ。……**一五** ……物体の第一性質の観念は物体の類似物であって、そうした観念の原型 (pattern) は物体そのもののうちにほんとうに存在する。しかし、……第二性質によってわれわれのうちに生み出された観念はその物体にまったく類似していない」(E, 2.8.8-10; 2.8.15)。

『対話』の「第一対話」の大半はこのロックへの反論になっているのだが (D, pp.175-194)、底本の注によれば、この反論にあたってバークリーに影響を与えたのはベールである (Cf. R.H. Popkin, 'Berkeley and Pyrrhonism,' *The Review of Metaphysics*, vol.V, no.2, December 1951, pp.223-246; reprinted in *The High Road to Pyrrhonism*, Austin Hill Press, 1980 (reprint: Indianapolis: Hackett, 1993) pp.297-318)。以下にベールの『歴史批評辞典』「ピュロン」注Bから引用しておこう。

「私たちの学校〔スコラ哲学〕ではセクストゥス・エンピリクスの名前などほとんど知られていませんでした。この人が実に巧みに提唱した判断停止の手段も未知な点では南大陸といい勝負でした。その時、ガッサンディがそれの要約を出して私たちの目を開いてくれたのです。デカルト主義がその仕事の最後の仕上げをしてくれました。今ではまともな哲学者なら誰ひとり、感官を刺激する物体の性質は見かけにすぎないと懐疑主義者が主張するのは正しいことをもう疑ってはいませんよ。われわれは誰しも「私は火があると熱さを感じる」とは言えるが、「私は火がそれ自体見えるとおりのものであるのを知っている」とは言えない——これが昔のピュロン派の言い方でした。でも昨今では、新派の哲学がもっと積極的な言い方をするんです。熱さ、におい、色などはけっして感覚的対象の内にあるのではない、それは心の変様だ、私は物体が見えるとおりのものでないのを知っている、とね。延長と運動はできればそこから除外したいと思ったのですが、それは無理な相談でした。だいたい、感覚対象が実際はそうでないのに色や熱さや冷たさやにおいがあるように見えるなら、実際はそんなものを何も持たないのに延長と形を持ち静止したり運動したりするように見えないわけがあるでしょうか」（『歴史批評辞典Ⅲ』野沢協訳、法政大学出版局、二二六～二二七頁）。これとほとんど同じ議論が第一四節で展開されている。

（66）「模像つまり似像（pattern or image）」：pattern という言葉は、現代英語でもそうだが、いま注65で引用しておいたE. 2.8.15のロックや『対話』でも「原型」の意味で使われることが圧倒的に多い。しかしながら、本節ならびに第一四、二五節ではこうした「模像」の意味で使われている。この用法の証左は、本節で換言の or によって image と等置され、さらに第一四、二五節でもやはり換言の or で resemblance と同義で使われていることである（Cf. G/S, p.51）。さらに、*O.E.D.* の見出し語 pattern には †4. Something formed after a model or prototype, a copy; a likeness, similitude. *Obs. rare* の語義が載っており、この用例の最後はこのテキスト刊行四年後の一七一四年であるから、現代では廃用になっているこの意義は刊行当時はまだ流通していたのだろう。しかし、なぜ同じ言葉を正反対の意味で使ったのか。周到な配慮があってのことではなかろうか。すなわち、ロックが原型（pattern）と考えているものは、じつは（第六節で示唆され、次注にも記す）「神のうちなる原型」の模造（pattern）でしかないという皮肉を込めている可能性がある。ロックのE. 2.8.15の文章がすでに頭に入っていた当時の読者は、この語句を読むとすぐにこの「原型」と「模造」の二義性に思いあたり、バークリー支持者なら喝采し、ロック支持者なら憤慨したのかもしれない。

（67）「原型（archetype）」：この言葉は、たとえば第九九節や『対話』（D, p.213, 214, 240 etc.）では「神の精神における原型」を意味する。しかしここでは、ロックが物体の第一性質を指すために使ったpattern、すなわち、注65で引用しておいた「そうした〔第一性質の〕観念の原型（pattern）は物体そのもののうちにほんとうに存在する」（E, 2.8.15）での pattern と同義である（Cf.

Richmond, p.45, G/S, p.51)。この意味での archetype の用法については第八七、九〇節および注153を参照。

(68) 初版ではこの後に以下の文章が続いていた。「したがって、物質と呼ばれているものが不合理であることを明らかにするのに時間を費やす必要があるとは思わないものの、しかし、物質が存在するという主張は哲学者たちの精神にきわめて深く根ざしているように見受けられ、多くの有害な帰結を招き寄せているので、この偏見の完璧な摘発と駆除につながることをなおざりにするよりは、冗長で退屈であると思われるほうがましであろう」。

(69) 自然的世界を構成している地水火風の四大のさまざまな変化の根底にあって、それ自体はいかなる規定ももっていない基体を指す用語 (Cf. Dancy, p.201, n.41; Robinson, p.214, n.28; G/S, p.54)。

(70) 第一一八〜一二二節で「数」が詳論される。さらに、『視覚新論』(NTV, §109) を参照。

(71) ロックのことを指している。Cf. E, 2.7.7; 2.16.1.「単一性」については第一二〇節でもふたたび言及される。

(72)「反省 (reflexion)」: これはロックの用法である。彼によれば反省とは「われわれの内なるわれわれ自身の精神のはたらきについての知覚」であり、「内的感官」とも呼ばれて、外部へ向かう感官とともにわれわれの観念の供給源になっている (E, 2.1.4)。バークリーが反省を感覚 (sensation) あるいは感官 (sense) と対にして使う (この節のほかに第二五、三五、六八、七四節等) のは、ロックのこの用法にならってのことである。

(73) E, 2.8.21 でのロックの思考実験を指している。すなわち、一方の手を温め他方の手を冷やして、その中間の温度の水に両手を入れれば、一方は冷たく、他方は温かく感じる。『対話』(D, pp.178–179) でも、この議論がほぼそのまま引き写されている。

(74) この節で展開されている知覚の相対性の議論は、その起源をたどれば古代ギリシアに遡る。アトミズミからヘレニズム期のピュロニズムに引き継がれたこの議論は、セクストスが『ピュロン哲学の概要』(第一巻三六～一六三節) で記述した「アイネシデモスの一〇箇条の方式」で集大成されたと言っていいだろう。これらの議論がルネサンスに復興し近代の哲学者たちの共有財になったことについては、注11に記したPopkin の前掲書や *The Skeptical Tradition*, M.F. Burnyeat (ed.), University of California Press. 1983 が明らかにしたとおりである。『対話』(D, pp.175-192) にもこの相対性を論拠にした議論が詳細に展開されている。なお、Dancy (pp.47-48) は、『対話』でこの議論が重視されているのは、『人知原理論』執筆後にバークリーがピュロニズムの議論の重要性に気づいたからだと推測している。しかし、その理由はむしろ『対話』執筆の目的によるものであろう。つまり、主著への黙殺ないし誤解に対処するために書かれたのが『対話』であったから、ここで目指されていたのは専門家以外の一般読者から幅広い支持をえることであって、そのためには当時おそらく人口に膾炙していたセクストスの議論を利用するのが最善の策と思われたのであろう。

(75)「基体 (subject)」: ここの subject は、「～の下に横たわっているもの」を意味するギリシア語の hypokeimenon のラテン語訳に由来し、第七節の末尾にある「実体」や「基体」と同義である (注63を参照)。そこで訳語もそれに合わせた。そして、この語法はロックを踏襲していて (たとえば、E. 2.8.8; 3.6.31)、カント以後の「客観」の対概念である「主観」の意味はまったくない。

(76)「このやり方の議論」すなわち直前の第一四節の知覚の相対性の議論は、Robinson (p.215, n.30) や G/S (pp.57-58) も示唆しているように、物質の存在まで否定するわけではない。じっさい、ロックのテキストでは「同じ水 (the same water)」という言葉が何度も繰り返し使われ、バークリーもまた前節では「当の事物が変化しないのに」とか「外的対象には何の変更がなくても」といった表現で「同じもの」を前提した議論を展開しているが、この「同じもの」はいとも容易に「自己同一的な物質」の想定につながっていくからである。物質を否定していた「これに先立つ議論」は第八〜一三節、とくに第九節を指していて、以下の第一六〜二一節は、この議論への補強ないし物質否定の本格的な議論と見ることができよう。

(77)「物質の観念などもっていない（I have no idea of matter）」：すでに注40でも示唆しておいたことだが、あらためて注記しておこう。*O.E.D.* の見出し語 idea によると、have an idea は一七世紀中葉のホッブズですでに conceive や imagine と同義に用いられている（8.b）。一八世紀前半でも idea は A notion or thought more or less imperfect, indefinite, or fanciful; a vague belief, opinion, or estimate; a supposition, impression, fancy の語義で使用され、have no idea は「予想もしない、考えもつかない、理解しがたい」といった意味で慣用的に使われたらしい（9.b）。ここでのバークリーの書き方は、こうした慣用語としての用法と「観念」という専門語としての用法を両義的に重ね合わせて使用しているのだろう。

(78)「絶対的な（positive）」：relative と対になるこの用法については、注33を参照。

(79) 初版ではこの後に以下の文章が続いていた。「私はと言えば、この言葉に適用できる意味などまったく見いだせない」。またこの節の議論については、『対話』(D, pp.197-199) を参照。

(80)「固い（solid）」：すでに第九節でロックの第一性質を紹介している文章で、「固体性（solidity）」は「不可入性（impenetrability）」と言い換えられていた。ロックによれば、これは「ある物体が占有している場所のなかに他の物体が入らないようにする抵抗」(E, 2.4.1) のことであって、硬さ（hardness）とは違う。彼自身が挙げている例（E, 2.4.4）で言えば、柔らかい蹴球用ボールにある程度空気を詰めた場合、このボールは弾力があって手で押せばへこむから硬くはないが、手がそのなかに入ることはない。

(81) 論証の根拠として感官か理性のいずれかを持ち出すタイプの議論は、『対話』でも頻繁に見られる。Cf. D, p.197, 205, 215–216, 221, 246 etc.

(82)「物質論者(materialist)」:バークリーの非物質論(immaterialism)の論敵で、本節で後述のように「物質を擁護する人」のこと。これ以後、第一九、四七、七四節でもこの言葉が使われている。なお、immaterialism という言葉そのものは本書では用いられておらず、『対話』(D, pp.255–259)で七回使われているだけである。

(83) ここで夢を持ち出しているのは、デカルトの方法的懐疑の夢の議論が念頭にあるからだろう。デカルト『省察』山田弘明訳、ちくま学芸文庫、三六〜三七頁を参照。

(84) これもデカルトの悪霊仮説を念頭においているのだろう。「私の精神には、ある古い意見が刻みこまれている。すなわち、すべてをなしうる神が在り、この神によって私はいま存在するようなものとして創造された、という意見である。しかし、この神は、いかなる地も、天も、延長するものも、形も、大きさも、場所もまったくないのだが、しかし私には、これらすべてがいま見えているとおりに存在していると思われる、というふうにしたかも知れないではないか」(前掲書、三八〜三九頁)。

(85) ここでのアプリオリ(a priori)と「アポステリオリ(a posteriori)」はもともとスコラ哲学の用語である。アプリオリは「より先の(prior)もの」と「〜から(a)」の合成語で、アプリオリな論証とは「本性上より先のもの」つまり原因あるいは根拠からの論証を意味し、それにたいしてアポステリオリな論証は、ここでバークリーが述べているように、「より後の(posterior)もの」

つまり結果あるいは帰結からの論証を指した。ただし、バークリーは「アプリオリな証明」という言い方を概念そのものからの論証といった意味で使用していると思われる。すなわちこの証明は、ある主張が偽もしくは不可解であることを、その主張の根本概念に含まれる矛盾を指摘することによって論証する（cf. Dancy, p.202, n.49）わけで、前節までの物質否定の議論を指している。「後に……触れる」アポステリオリな論証は第八五～一五六節で展開される。

(86) 研究者たちのあいだで Master Argument と呼ばれている議論がここから第二四節まで展開される。この議論の妥当性については、Richmond（pp.57-65）が研究史も加味してまことに適切な注釈を加えている。『対話』（D. pp.200-201）をも参照。

(87) 初版では以下の文章が冒頭におかれていた。「人びとが言葉で戯れるのを差し控えさえするなら、われわれはすぐにでも以下の点で合意できると思う」。

(88)「われわれの観念、感覚」：初版では「われわれの観念、感覚、概念（notion）」。したがって、少なくとも初版では idea と notion は区別されていない。注91を参照。

(89) こう語るのは言うまでもなくロックである。注65で引用しておいた E. 2.8.9-10 を参照。

(90) 第一六、一七節ですでに、この「～を支える基体」の「相対的な概念」が論難されていた。「第三の観念」に「絶対的な」を補ったのは、そこでの論難を考慮してのことである。また、これら二つの節でも「観念」と「概念」は互換的であったから、そこでの議論を受けているここでの用語法も「観念」と「概念」を区別していないと思われる。しかしながら、注92で記すように、本節の第二版で追記された最後の一文では、これらを明らかに区別している。読者に要らぬ混乱を招きかねない。

(91)「意志、魂、心」：初版では「意志、知性、精神、魂、心」。

(92) 初版はここで終わっている。最後の文章は第二版での加筆である。ここでは概念（notion）がはじめて明確に「観念」から区別されている。この用法については、第八九、一四二節、さらに『対話』（D, pp.231-234）を参照。初版ではその区別がないことについては、たとえば注15・16・57・88・90等を参照。

(93) この神の存在証明は、カントの言葉をつかえば、結果から原因を推論する「宇宙論的証明（der kosmologische Beweis）」になるだろう（『純粋理性批判』（A603, B631）を参照）。

(94) この神の存在証明は「計画に基づく証明（argument from design）」とも呼ばれ、またもカントの言葉をつかえば、自然の秩序を根拠にする「自然神学的証明（der physikotheologische Beweis）」になるだろう（前掲書 A620, B648 を参照）。

(95)「第二原因（second cause）」：『対話』（D, p.217）によれば、これは「最高の作用者に従属した原因」、「限定的で下位の本性をもった原因」であって、「この原因は、われわれの観念を生みだすにあたって、意志の作用あるいは精神的はたらきによってではなく、物質に属する作用つまり運動によって〔最高の原因に〕協力する」。

(96) 第八節の「観念は事物の写しあるいは類似物（copy or resemblance）、像あるいは代理（picture or representation）である」という言い方を参照。すでに述べたように、こうした言い方をする人物としてバークリーが念頭に置いているのはまたもロックである。ロックが観念を似像と同一視している表現としては、E, 2.1.15; 2.1.25; 2.30.2. passim を参照。

(97) この論点は以下の第三四～四〇節の主題になる。

(98)「ほんとうに存在し自存する（real and substantial）」：これも冗長表現であって、substantial は real と同義である。real and substantial という言い方は、*O.E.D.* の見出し語 substantial の A.1 に

よれば、Hobbes, *Leviathan*, iii.xxxiv.211にも見られる。拙訳では、*O.E.D.* の同所の語義 having a real existence; **subsisting by itself** を参照して substantial に「自存する」の訳語をあてた。

(99)「空想上の（notional)」：前注の二つの形容詞の対語になるのが、この言葉である。これまた *O.E.D.* には、2. Of things, relations, etc.: Existing only in thought ; **not real** or actually existent; **imaginary** の語釈があげられ、用例にはこのバークリーの文章すなわち'All things that exist, exist only in the mind, that is, they are purely **notional**.' が採用されている（they are purely notional の独訳は、Ueberweg も Kulenkampff も、es wird bloß vorgestellt となっている)。さらに第八四節では、real の対語として imaginary が使われている。ちなみに、大槻はこの notional を「思念的」と訳しているが、上述の理由により、これは第二版で精神（とりわけ「神」の精神）にかかわる術語として導入されたとされる notion とはおそらくまったく無関係である。そして、バークリーが同系統の言葉をこのようにまったく違う意味で用いていた点に、notion の導入がそもそも弥縫策であった可能性がうかがわれる。これについては、注16をも参照。

(100)「事物の本性（rerum natura)」：このラテン語は、たとえばルクレティウスの著書『事物の本性について（*De rerum natura*)』にも使われ、そしてこの表題は Vorsokratiker たちが書いたと伝えられている書物 *Peri physeos* のラテン語訳と考えられている。バークリーはここでこの natura を二義的に使用し、それに応じて二つのことを同時に主張していると思われる。つまり、ひとつには第三〇～三三節で話題になっていた「自然（nature)」のラテン語形として使用され、非物質論の立場においても、もろもろの事物（res）からなる「自然」はやはり存在するということが主張される。そしていまひとつには、こうした事物の「本性（natura)」すなわち「これらの事物（res）をその当の事物たらしめているもの（realitas)」を「その事物の真の在り方、その事物がほんとうに存在していること（reality, real existence）」と改釈し（umdeuten）、その意味するところは「われわれの感官によって知覚されていること（percipi）」、もっと正確に言うなら、第二九、三〇、三六節等で明言されているように、「神によってわれわれの精神に刻印されていること」だと主張することである。

なお、第八七節でもこの言葉が用いられるが、そこにおいては反論者がバークリーとは逆の意味で使用している。すなわち、この用法での事物とは「われわれから（a）切り離されて（solutus）」つまり「絶対的に（absolutely）」「それ自体で（in itself）」、ということはわれわれの「そとに（external）」存在するものであり、こうした事物の本性は「精神のそとに存在する（existence without mind）」ということになる。そしてそこでは、この意味での事物もまた「ほんとうに存在する事物（real things）」と呼ばれる。

(101) 初版ではこの後に以下の文が続いていた。「だが私見では、こんな有害なことばかりが行われてきたのである」。

(102) 第八七〜九一節のこと。

(103) 初版ではこの後に以下の文章が続いていた。「あなたは自分が見ているのは火の観念でしかないと疑うこともできよう。しかしながら、たとえそうだとしても、そのなかに手を入れてみたまえ。そうすれば、あなたは間違いなく得心するだろう」。これとほぼ同じ文章が、E. 4.11.7 にも見られる。

(104) 『視覚新論』は『人知原理論』出版の前年一七〇九年に公刊された。以下の議論は『視覚新論』（NTV. §1-28）の再説である。

(105) 「線や角……何か」：視覚対象から眼球への光線の入射角や収束ないし発散等のことであろう。Cf. NTV. §33-39.

(106)「序論」第一九節、さらに『視覚新論』(NTV, §51, 143, 147) を参照。
(107) いわゆる Molyneux 問題については E. 2.9.8を参照。
(108)『視覚新論』(NTV, §47-49, 121-141) を参照。
(109)『視覚新論』(NTV, §43) を参照。
(110) 第六五、一〇八~一〇九節を参照。
(111) 以下の議論は、論敵の原理あるいは論拠に基づいて、そこから不合理あるいは矛盾した帰結を引き出し、それによって論敵を論破する対人論証 (argumentum ad hominem) である。この意味での対人論証については、E. 4.17.21 を参照。
(112) たとえば、「光が斑岩にまったく当たらないようにしてみよう。すると赤と白の色は消えうせる。……光が戻ると、斑岩はこうした現象をふたたびわれわれのうちに生む」(E. 2.8.19) を参照。
(113)「連続的創造 (continual creation)」:底本の注ではアウグスティヌス (『神の国』泉治典訳、教文館版『アウグスティヌス著作集13』、一四九~一五〇頁) とトマス (『神學大全8』高田三郎・横山哲夫訳、創文社、二八、三六頁) が典拠として挙げられているが、デカルトにも同じ考えがある。「時間の本性に注意する人には明らかであるが、どんなものも、それが持続する各瞬間において保存されるためには、そのものがまだ存在していないときに、それを新たに創造するのとまったく同じ力とはたらきを要する……。したがって、保存はただ考え方の上で創造と異なるにすぎないということもまた、自然の光によって明白なことがらの一つである」(注83の前掲邦訳書、七八頁)。
(114) この節の議論については Ueberweg (S.130, Anm.63-65) と Robinson (pp.216-217) が異を唱えているが、管見によれば、ここでの議論もまた前節と同様に対人論証であろう。つまり、バークリーが仮想論敵と共有する「知覚の相対性」(これは前節の前半でも共有されていた) とその論敵が用いる「物質の無限分割可能性」(バークリーはこれを否定する)を巧みに組み合わせた議論である。すなわち、無限分割によって部分の数が無限に増えて、おまけにその部分の一つ一つがより鋭敏な感官(たとえば顕微鏡)で見るならより大きく見えるとすれば、物質は無限に大きく、無限に延長していることになる。そして、物質が無限の(infinite)延長をもつとするなら、それにはその境界を限定する限界(finis)がない(in-)のだから、形(shape)もない(-less)ことになる。これが感覚不可能であることは言うまでもない。したがって、感覚可能な性質を備えている物体は、それを知覚する精神のそとには存在できない。なお、無限分割可能性への集中的な論難については、第一二三〜一三二節を参照。

(115) したがって、他人の精神だけでなく神の精神も含まれることになる。第三、六節を参照。

(116) 存在論用語の基体(subject = substratum = substance)と属性(attribute)は、論理学的観点からは主辞や主語(subject)と賓辞や述語(predicate)になる。

(117)「粒子哲学(corpuscular philosophy)」:ボイルが用いた言葉で、ニュートンも共有していた。延長、形、運動等々の性質をもった微細な粒子の機械的な離散集合によってすべての自然現象を説明できると主張する。粒子そのものにそなわるこれらの性質が「第一性質」と呼ばれ、これらが感覚器官にはたらきかけて生まれる性質は「第二性質」と呼ばれた。これがロックの基本的発想の源泉であることは言うまでもないが、近代ではこうした原子論的構想はかなり一般的であって、粒子哲学はそのなかでもきわだった地位を占めている。機械論はこうした原子論から帰結する典型的な自然観である(『岩波 哲学・思想事典』「粒子哲学」を参照)。自然哲学については、第一〇一〜一一七節で論じられる。

(118) 底本によれば、出典は一六世紀イタリアの Augustinus Niphus, *Comm. in Aristotelem de Gen.*

et Corr., lib. I. における'Loquendum est ut plures, sentiendum ut pauci'である。バークリーは *Alciphron*, I,12 でもこれを引用しているが、直接の引用元は Bacon, *De Augmentis Scientiarum*, V iv における'Loquendum est ut vulgus, sentiendum ut sapientes'である。

(119) 底本の注釈を引用しておこう。「現今の哲学者たち」とは、デカルト、マールブランシュ、サミュエル・クラークである。さらに「スコラ哲学者たち」としては、神学的決定論を唱えたブラッドワーディーン (Thomas Bradwardine, c.1290–1349) がいる。彼によれば、「神の意志はおよそすべての被造物の作用因であり、およそすべての運動の運動因である」。この教義はチョーサーが言及しており、ニコラウス・オトルクール (Nicolas d'Autrecourt, ?–c.1350) もこれと似た見解を表明しているし、アル・ガザーリー (Algazel, 1059–1111) は「出来事の結合はなべて神によって引き起こされる」と主張していた。

(120) 後の第五八節で「第一〇に (tenthly)」と書かれているので、この節に「第九反論」が含まれていると読み、バークリーが書き忘れたと思われる ninthly を本文中に補った。Cf. Richmond, p.92.

(121) 物体と観念の「類似」の矛盾については第八節を、物体には「力」「活動」「能動的作用」等がないことについては第二五節を参照。とりわけ、「力」が物体に内在する物理的 (physicus) 性質ではなく、たんなる数学的仮説にすぎないことについては、『運動について』(DM, §4–18) を参照。

(122) しかしながら、この議論を認めると、真理の相対性が問題になる。ここでは「コペルニクスの体系が真だ」という想定のもとで議論されているが、この想定が成り立つためには、われわれは宇宙空間にいて、しかも太陽にたいして静止していなければならない。しかしながら、地球上ではわれわれはやはり地球の運動を知覚できず、むしろ太陽が動くのを知覚するのだから、プトレマイオスの体系が真だということになる。反事実的条件命題 (counterfactual conditional) による「可能的知覚」を議論のなかに織り込めるかどうかについては、Richmond, pp.93-94 を参照。

(123)「あれ（fiat）」：「光あれ（fiat lux）」（『旧約聖書』「創世記」第一章三節）。

(124) この補足はPMに従った。

(125)「引き起こす」：底本では choose と書かれているが、Clarke, Dancy, Fraser, G/S, Richmond (p.97) にならって cause と読む。

(126)『新約聖書』「使徒行伝」第一七章二八節。第一四九節でも引用される。

(127) 第六七～八四節の議論をどのように分類するかについては種々の解釈がある。詳細については、凡例に記した各版を参照。

(128)「機会（occasion）」：マールブランシュに代表される機会原因論（occasionnalisme）の鍵概念。これについては、『対話』(D, p.220) での物質論者ハイラスの以下の概念規定を参照。「機会ということで私が考えているのは、思考しない非能動的な存在者のことだ。そして、これに直面すると、神はわれわれの精神のなかに観念を引き起こす。……観念はわれわれの精神のなかに、秩序だった恒常的な仕方で生みだされる。……こうした観念には何か固定した規則的な機会があって、神がこの機会に直面すると、観念が引き起こされる」。

(129)「延長（extension）」：初版では「場所（place）すなわち延長」。

(130)「不活発で、感官を欠いていて、知られていない（inert, senseless, unknown）」：これらの言葉はすべて、「不（in-）」「欠いて（-less）」「ない（un-）」という否定接辞（negative）をもっており、この文法用語も兼ねた negative は、前節での「延長……という肯定的観念」の「肯定的（positive）」と対になっている。

(131)「相対的な概念（relative notion）」：第一六節ならびに注33を参照。

(132) 老婆心ながら補足すれば、「物質は〜を支える」という言い方しかできず、しかもこの「〜」が「〜でない(not)」という否定接辞でしか表現できないのであれば、物質は「いかなるものでもない(not)もの」すなわち無(*nothing*)を支えている、つまり物質は何も支えていないと言わざるをえなくなり、したがって物質はそもそも存在しないことになる。この論点は以下の第七三〜七七節で詳論される。

(133)「感官によっても反省によっても知覚されえない」:これはロックの言い方を借りた表現で、「反省」については注72を、「知覚」については注55を参照。ロックは観念の起源として、感官と反省しか認めていない。したがって、ロックの主張を借りたこの表現は「いかなる手段をつかっても知られない」を意味する。

(134)「こうした物質の考え方」:初版では「こうした物質の考え方(知られていない機会について言われていることから私が引き出せる理解可能な考え方は、つまるところこれだけである)」。

(135) この機会原因論的発想が「法外」であるのは、神が何かによって指図されることになるからである。これについては、第七四節末尾を参照。さらに、非物質論への「反論にならない」のは、かりに物質が神によって知覚されるとするなら、物質が観念になり、つまるところ非物質論と同じことになるからである。これについては、第八節、G/S(p.121)、大槻(二〇二頁以下の注一二六)そしてRichmond(p.103)を参照。

(136)「自然におけるもっとも卑しい現象(the meanest phenomenon in Nature)」:『対話』(D. p.210)にこれに類した「自然のもっとも卑しい産物」という表現が見られ、同書の初版と第二版では「石や鉱物」と書かれていた。

(137) PMの補足に従った。

(138)「もっともらしい理由（shew of reason）」：底本とRobinsonはshew *or* reasonと表記しているが、これら以外のどの版もshew *of* reasonとなっており、独仏訳もこれに準拠している。orはofの誤植であろう。

(139)「可能性（possibility）」：この表現は第六七節での反論の最後の文章「この意味での物質はやはり存在しうる（possibly exist）」のpossiblyを受けている。

(140)底本によると、ここでバークリーが念頭においているのもやはりロックである。Cf. E, 2.23.11-13.

(141)「じつに多様な精神（a great variety of spirits）」：これがおそらく天使を指していることについては、パーシヴァル（Percival）宛て書簡（Sep. 6th, 1710, *The Works of George Berkeley, Bishop of Cloyne*, edited by A.A. Luce and T.E. Jessop, vol.8, pp.36-39）での「人間以外の精神（人間とは違った類に属する天使）」（p.38）の語句を参照。

(142)第五四節でバークリーが「第九に」を書き漏らした可能性を考え合わせて（注120を参照）、ここでもこの書き忘れがあったと推測した。

(143)底本とDancy（p.209, n.93; cf. Editor's Introduction, p.63）によれば、「こう考える人たち」の代表者はマールブランシュである。Dancyが引用しているマールブランシュの*Eclarecissement*, VIによれば、「聖書が世に現われ、奇蹟が出現することからわれわれが学ぶように、神は天と地を創造したし、言葉が肉にされた。そして、その他の真理も被造世界の存在を前提している。したがって、物体が存在することは信仰によって確実である」。

なお、この反論者の発言冒頭の「証明（demonstration）」について付言しておこう。この言葉はこれまで何度も用いられてきたが、念のためあらためて述べるなら、こういう言い方での証明は厳密な意味で使われている（他に第九六、一〇七節）。『対話』では「全面的な確信や衷心からの承認を生みだす」（D, p.223）抵抗不可能なものと説明され、「序論」第一二〜一六節等からも明らかなように、モデルになっているのはユークリッド幾何学での定理の証明である。たとえばD, p.241では、運動量の議論の最後に which was to be demonstrated と書かれているが、これは『原論』での定理の最後におかれた慣用句 hoper edei deixai のラテン語訳 quod erat demonstrandum（Q.E.D. ＝「証明終わり」）の英語直訳である。

（144）底本と Robinson は mark *out* conceptions と表記しているが、それ以外の版はすべて mark *our* conceptions である。out は our の誤植と判断した。

（145）『旧約聖書』「出エジプト記」第七章八節以下を参照。

（146）『新約聖書』「ヨハネによる福音書」第二章一節以下を参照。

（147）最後の二文（原文では一文）は少々分かりにくいかもしれないので、老婆心ながら補足しておこう。「これまで語られてきたこと」は「われわれの原理」つまり「非物質論」であり、「流布している原理」は「物質論」である。「奇蹟にかんするためらい」は感官を信じない物質論から出てくる。杖が蛇になるのを見る目を信用しないので、それを信じるのをためらうようになる。それにたいして、感官が教えることをそのまま信じる非物質論では、杖はほんとうに蛇になる。さらにこの「逡巡」には、奇蹟を否定する瀆神の誤謬という含みがある。したがってこの誤謬につながる逡巡は、その誤謬を生む物質論が偽であり、それの正反対の非物質論が真であることの証左になる、つまり、非物質論にとって「有利になる」。

（148）第二一節で予告されていた「アポステリオリな論証」がここから始まる。注85を参照。

（149）「二様に存在する（a twofold existence）」：第五六節を参照。ヒュームの「知覚と対象の二重存在（the double existence of perceptions and objects）」（注30の *op.cit.*, p.211, 214）は、バークリーのこの表現の言い換えである。

(150)「自然的自存（natural subsistence）」：注54・98ならびに第九一節を参照。

(151) この文章はロックのそれのほぼ正確な引用である。「われわれの知識が事物に的中している（real）のは、われわれの観念と事物のほんとうの在り方（reality of things）のあいだに一致（conformity）が存在するかぎりでのことでしかない」（E, 4.4.3）。

(152)「事物に的中した知識（real knowledge）」：これもロックの用語で、前注での引用文で説明されている「知識」を簡潔に名詞句で表現している。すなわち「res（real things）を対象として、それに的中している知識」という意味で、これに対立するのが「想像物についての知識（imaginary knowledge）」（E, 4.5.8）である。なお、このreal knowledgeという表現について付言すれば、これは動詞句know *res*（thing）の名詞句knowledge of resにおける形容詞句of resを一語の形容詞realに置き換えてつくられたのであろう。アメリカのJohnson宛ての書簡（一七二九年九月一〇日）に見られるideal schemeという表現について、Dancy（p.218, n.1）はこれをscheme of ideasと注釈しているし、現代英語でもthe flag *of Japan*をthe *Japanese* flagと言い換えることができる。さらに、これと同じつくりの表現については、注170を参照。

(153) 底本によれば、こう「みなす」のはロックである。「われわれの知識が事物に的中するためには、観念がその原型に対応していることが必要である」（E, 4.4.8）。「われわれの実体の観念は、われわれのそとの原型を写し示していると想定される」（E, 4.4.12）。ここでの「原型（archetype）」については、注67を参照。

(154) この一文はロックの「われわれが見、聞き、触れ、そして味わう……すべてのものは、長い夢の見かけでしかない、と言い張るほどに懐疑的な人がいるなら……」で始まる一節（E, 4.11.8）を意識して書かれているのであろう。ただし、この節でロックは懐疑主義を論駁すべく、「事物の本性のなかに存在する事物の確実性（*the certainty of* things existing *in rerum natura*）」は「われわれの感官が証言してくれる」と主張しているものの、しかしバークリーに言わせれば、これは不可能な主張でしかなく、ロックの対応説ないし模写説は懐疑主義に直結する。ここでの「事物の本性（rerum natura）」については注100を参照。さらに付言するなら、このバークリーの文章での「事物の本性のなかに存在するほんとうの事物（the real things, existing in *rerum natura*）」という言い方は、たったいま原文とともに引用したロックの語句の書き換えと思われる。

(155)「懐疑主義」：初版では「懐疑主義の決まり文句」。

(156) 初版ではこの後に以下の文章が続いていた。「しかし、このことはあまりに明白であるから、これ以上こだわる必要はないだろう」。

(157)「自明な（self-evident）知識」：「論証的知識」とともに、どちらもロックの用法（cf. E, 4.1-3）を踏襲している。ロック自身は「自明な」よりは「直観的（intuitive）」という言葉を用いるほうがはるかに多く、バークリーもこの節の手稿ではintuitiveを用いていた。これら二種類の知識については、注51をも参照。

(158)「世間の」：手稿では「常識を備えた人びとの」。

(159) 注8を参照。

(160)「不可分な」：初版では「不可分で不滅の」。

(161)「はかなく」：初版では「はかなく、可滅的な受動的なもの（passions）」。

(162) 初版はここで終わっている。以下の文章からこの節の最後までは第二版の追記である。第二七節で導入されたnotionの新たな用法（注92を参照）だけでなく、ここでは「関係（relation）」もこのnotionの対象になった。同じ趣旨の追記が見られる第一四二節をも参照。

(163) Fraserの指摘によると、こうした不適切な用法はロックに見られる。

(164) これら私の精神とは「別の精神」が神と他人であることについては、第六、四八節を参照。さらに注60・61をも参照。

(165) 底本その他の版の編者や訳者たちによると、このように主張した古人の代表者はアリストテレスである。彼の『天体論』では天体は不生不滅ということになっている（*De Caelo*, II.i.283b26）。

(166) バークリーがここで念頭においているのは、この直後に名前が挙がるエピクロスである。彼によれば、世界のすべての出来事は、その重さゆえに沈降し、また重さが違うゆえに互いに衝突する物体（アトム）の運動から説明できる。ここに神々が介入する余地などまったくないし、したがって、こうした自立した世界を気遣う必要もないことになる（セクストス『ピュロン哲学の概要』第三巻第九～一二節をも参照）。近代においてこうしたエピクロスのアトミズムを唱えたのは、フランスではガッサンディであり、イギリスではホッブズである。

(167) 「ソッツィーニ派」：イタリアのFausto Sozzini（1539–1604）に率いられた異端で、三位一体をはじめ、人間の不死性やイエスの復活を否定した。

(168) 「その他の連中」：手稿では「自然哲学者たち」。

(169) ここの「証明」も厳密な意味で用いられている。注143を参照。

(170) 「観念についての知識（ideal knowledge）」：この表現は、注152に記した言葉のつくりを繰り返せば、動詞句know ideasの名詞句knowledge of ideasにおける形容詞句of ideasを単独の形容詞idealに置き換えた表現であろう。knowledge of ideasはすでに第八六節で使われ、第一三五節にも見られる表現で、第八六節に見られたロックの用語 real knowledge にならってバークリーが造語したと思われる。この ideal knowledge という語句はロックの『人間知性論』には見られず、『人知原理論』でもここにしかない（さらに ideal の語そのものもここ以外に用例がなく、『対話』にはまったく見られない）。ちなみに、Dancy（p.211, n.106）によれば、E, 4.4.6 に real と ideal を対にした表現がある。ロックは当該箇所で、数学的対象たとえば形が an ideal existence in his（= mathematician）mind をもとうと a real existence in matter をもとうと、数学的知識は妥当すると主張しているが、この ideal existence in mind は動詞句「精神のなかに観念（idea）として存在する（exist as idea in mind）」の名詞句的表現であり、同様に real existence in matter も動詞句「〔精神のそとの〕物質のなかに事物（*res*）として存在する（exist as *res* in matter）」のそれであろう。as idea と as *res* をそれぞれ ideal と real という形容詞一語に置き換えているわけである。したがって、これらの形容詞を「観念的」と「実在的」という定訳語で訳してしまえば、誤解どころか不可解につながるであろう。

(171)「精妙な（fine）」：すでに注15末尾で触れておいたこの言葉の語源は、ラテン語の finis（終わり）である。つまり、一定の作業過程が終わりまでいったときに使われる言葉であって、そこから「出来上がった」「洗練された」「精妙な」といった意味が派生する。しかるに、ここで念頭におかれている作業とは、「序論」第七～九節で叙述されたロック的な抽象（abstraction）の作業である。したがって、ここでの fine とはこうした抽象の最後に出来上がった抽象的観念の見事で、洗練された、精妙な在り方を指すことになる。さらに詳細に言えば、「序論」第八、九節で詳論されているように、この抽象は個別的（particular）で特殊な（peculiar）ものを排除して、共通なものを抽出するという作業を意味する。これを鉱業の精錬に喩えるのがいいかもしれない。たとえば、金鉱には金の成分（共通なもの）のほかに泥や鉄といった異物（個別的で偶然的なもの）が混じっている。これらの異物を切り離し（abstract）排除して、金だけを抽出するのが精錬ということである。ここで取り出された純金は、それこそ極上の、精妙な、見事なものであろう。したがって、ここで抽出された純金は、抽象的観念を主張する者にとっては素晴らしいものになるにちがいない。この表現についてはさらに、注174・181を参照。

(172)「常識をそなえた人びと（men of ordinary sense）」：ordinary sense を common sense と解したが、「普通の感官をそなえた人びと」とも読める。つまり、われわれの通常の五感では抽象的観念は知覚できない。

(173) 底本をはじめとしてほとんどすべての版で、アウグスティヌスの『告白』での有名な文章が参照箇所として挙げられている。すなわち、「時間とは何か。誰も私に尋ねないのなら、私はそれを知っている。しかし、それを尋ねる人に説明しようとするなら、私には分からなくなる」（*Conf.*, xi 14）。

(174)「単純な（simple）」：これについてもすでに注15末尾で触れておいたが、この言葉はロックの用法とはまったく異なっていて、前節の「精妙な（fine）」（注171を参照）と同様に「抽象」に直結する。*O.E.D.* の見出し語 simple には、11.a. With nothing added; considered or taken by itself; mere, pure, bare; †**single** との語釈がある。古い用法で single と同義だという点を考慮するなら、「序論」第七節での以下の表現にも得心できることになる。「精神はおのおのの性質をそれだけで（singly）考えることができる、つまりその性質が結びついている他の性質から切り離された（abstracted）ものとして考えることができる」。さらに、これに類した表現として「序論」第八節の以下の文章も参照。「精神は、……共通しているものを切り離して考え（consider apart）、つまりそれだけをより分け（single out）、そうすることによって延長のきわめて抽象的な観念をつくる」。

(175) この部分はかなりの補足と推測が必要だろう。ここで提起されている二つの不合理の前者は、ロックの主張を加味しなければ理解できない。彼によれば、「われわれの魂はいつも観念を考えているわけではなく、……ちょうど物体がつねに運動していると考える必要がないのと同様に、魂がいつも思考していると考える必要はない」（E. 2.1.10）。そうだとすれば、継起する観念のあいだにはいわば間隙があるわけで、この間隙にはいかなる観念もない、つまり、「思考されるものがない」。さらに、時間の無限分割の学説が正しいとするなら、この間隙は「無数の年月」を含むことになろう。後者の不合理は、この思考のない時間的間隙の想定に、デカルトの基本的な考えを適用するところから出てくる。デカルトによれば、精神は思考するかぎりでのみ存在する。ということは、思考しないかぎりで精神は存在しない。しかるに、瞬間によって区切られる間隙では精神は思考しない、したがって、瞬間ごとに存在しないことになる。バークリーももちろん、この後で明言されているように、「魂はつねに思考する」と主張するが、しかし、その根拠はデカルトの連続的創造説（注113を参照）とはまったく違う。つまり、観念はすべて切れ目なく互いに継起しているがゆえに、魂はつねに存在し続けるからである。そして、ここから魂の不滅を主張することも可能になる。以上の注釈は、二〇一一年度の中央大学大学院開設科目「西洋近世哲学演習」受講生であった大厩諒氏のレポート、ならびにそれをめぐって受講生たちと行った検討に基づいている。Cf. David Berman, *George Berkeley, Idealism and the man*, Clarendon Press, 1994, pp.63-66; Dancy (pp.211-212, n.112).

(176)「思考（cogitation）」：手稿では「知覚（perception）」。

(177) 手稿ではこの後に以下の文章が続いていた。「何らかの時間においては、何らかの精神が知覚せずともじっさいに存在する、あるいは、何らかの観念が知覚されずに存在する、あるいは、〔これら二者以外の〕第三のたぐいの存在者は意志もせず知覚もせず知覚もされないにもかかわらず存在する――かりにこんなことを私に告げる人がいるなら、彼の言葉は間違いなくまるで未知の言語のような影響しか私の精神に与えないだろう。精神が思考せずとも存在すると口にするのは、なるほど簡単なことである。しかし、これらの音に対応する意味を考えること、つまり、精神が思考から切り離されて存在すると考えることは、私には不可能であるように思われる。そして、この主張をもっとも頑迷に支持する連中でさえ、もし言葉を脇へおいて、自分自身の頭のなかを落ち着いて注視しながら、自分がそれらの言葉で意味するものを吟味しさえすれば、自分の頑固さを幾分は和らげることと思う」。

(178) 初版ではこの後に以下の文章が続いていた。「ここから出てくる奇妙な非常識によれば、火は熱くない、あるいは、壁は白くない等々、あるいは、熱さや色は対象においては形と運動でしかない」。

(179) 初版ではこの後に以下の文章が続いていた。「さらに、これらの結果として、壁はほんとうにそしておなじ意味で、延長していて白い」。

(180) 「隔離された(prescinded)」: この言葉は「序論」第八節ですでに使われていて、その節やこの第一〇〇節の前後の文脈からも明らかなように、「切り離された(abstracted)」「分離した(separate)」あるいは「区別された(distinct)」等々と同じく、「抽象的」という言葉を説明する役目を果たしている。*O.E.D.* の見出し語 prescind には、2. To cut off, detach, or separate *from*: to **abstract** の用例として、この語句、つまり、1710 Berkeley *Princ. Hum. Knowl.* i. §100 An

abstract idea of happiness, **prescinded** from all particular pleasure と 1744 *Siris* §225 If force be considered as **prescinded** from gravity and matter, and as existing only in points or centers, what can this amount to but an **abstract** spiritual incorporeal force? が、そして 3. *intr.* (for *refl.*) with *from* の用例として、1713 Berkeley *Alciphr.* vii. §5 The **abstract** general idea of man **prescinding** from, and exclusive of all particular shape, size, complexion, passions, faculties, and every individual circumstance が掲載されている。さらに、「序論」第九節では、この動詞の prescind を受けて「前節と同じ隔離（precision）」という表現が見られ、これが「精神による分離（mental separation）」と言い換えられていた。注17・18を参照。

(181)「隔離された（precise）」：注171の fine、注174の simple、そして前注の prescinded と同様に、この言葉も「抽象的（abstract）」の含みをもつ。注38をも参照。

precise の語源となったラテン語 praecisus は praecido の過去分詞である（ちなみにこのラテン語に絡めて言えば、precise が abstract と同義である傍証として、『運動について』（DM, §6）での praecisus et abstractus という冗語表現を挙げておこう）。そしてこの praecido は、prescind の語源 praescindo とともに、ギリシア語の schizo につながる語であって（cf. *A Latin Dictionary*, Lewis and Short Oxford. 1879. entry *caedo* and *scindo*）、precise にあえて prescinded と同じ訳語をあてたのも、そのゆえである。

praecido の原義は「前もって切る」である。その意味するところは、種々の英語辞典、とくに『ジーニアス英和大辞典』（見出し語 precise）を参看すれば、おそらく製品加工（たとえば布地の裁断）において「余裕をもってあらかじめ切る」、つまり、指示された切断部分よりも大きめに切っておいて、その後で余計な部分を切り離し、その指示されたとおりに「正確に切る」ということであり、そこから「正確な」「精密な」という意味が派生したのであろう。したがって、このprecise は本節の文脈では、拙訳で補っておいたように、余計なものとしての個別的で特殊で偶然的なものから「切り離され」「隔離された」ということを意味する。

ここでのバークリーのこの語の用法は、おそらくロックの以下の文章（E, 2.11.9）にならっている。その言葉が出てくる直前の文章は以下のとおりである。「〔もしも個別的な観念のすべてにそれぞれ別の名前が付けられるなら、名前は数限りなくなる。そこで、〕それを防ぐために、精神は個別的対象から受けとられた個別的観念（the particular ideas received from particular objects）を一般的な（general）ものにする。このようにできるのは、精神が自分のなかでそのように現われる個別的観念を……時間や場所といった状況あるいは他の付随的な観念から分離した（separate）ものとして考えるからである。これが抽象（abstraction）と呼ばれる」。そして、この数行後に「抽象的で一般的な観念」を説明する語句として Such **precise**, naked appearances in the mind, without considering how, whence, or with what others they came there という表現が出てくる。ここでの precise は明らかに separate の含意を込めて使われている。この naked は「剝ぎとられた」と言い換えられているのがその証左である。つまり、これがただちに naked という意味であって、このことを説明しているのが without considering 以下の部分である。すなわち、「〔個別的な〕観念がどのようにして、どこから、あるいは、いかなる他の観念とともにやってきたかを考えないで」という言い方である。したがって、この語句を以上の解釈で訳せば（まことに拙い日本語になるが）、「このように精神のなかで隔離されて（precise）現われてくるもの、つまり、〔個別的な〕観念がどのようにして、どこから、あるいは、いかなる他の観念とともにやってきたかを考えないで、〔こうした個別的なものを〕剝ぎとられて現われてくるもの」ということになろう。

こうした用法のさらに有力な傍証としては、所雄章「『省察』的用語の一考察――「praecise」について」(『紀要』中央大学文学部、哲学科、第三二号、一九八六年、『現代デカルト論集Ⅲ』勁草書房に再掲)がある。praecise と同系統のラテン語の副詞 praecise の一七世紀デカルトにおける語義が、この論考でもやはり「切断」「分離」の原義に立ち戻って解明されている。

(182) 初版ではこの後と「抽象の学説は……」のあいだに以下の文章が挿まれていた。「スコラ哲学の倫理学で人はたいへんな進歩を遂げたかもしれないが、しかし、その分だけ以前よりももっと賢く善良になったわけではないし、人生諸事万端において彼自身あるいは隣人たちにとってもっとためになるよう振る舞えるようになったわけでもない。こうしたことを瞥見するだけでも分かることだが、」

(183) 「諸観念間の関係」:第二版のみにある。

(184) この懐疑主義の主張については「序論」第一、二節を、また、この節と次節で批判の対象になっているのがロックであり、ここでの言葉遣いのほとんども彼のものであることについては注11・12を参照。さらに、ロックの盟友ボイルの主著が『懐疑的化学者(*Chymista scepticus*)』(一六六一年)であることも付記しておいていいだろう。

(185) 「隠れた性質(qualitas occulta)」はスコラ哲学の用語で、近代になってからスコラ哲学の無能を嘲笑するために引き合いに出されることが多かった。たとえば、モリエールの『気で病む男(病は気から)』(一六七三年)では、「阿片を飲むとなぜ眠くなるのか」という質問にたいして「阿片には眠らせる力(Virtus dormitiva)があるからだ」と答えた医学士が、この「隠れた性質」によって睡眠という現象を説明する愚かな例になっている(Molière, *Le Malade Imaginaire*, dans *Théâtre 1672–1673*, 1952, p.237)。しかし、スコラ哲学での本来の用法においては、「隠れた性質」は

「明らかな性質（qualitas manifesta）」（この節でのバークリーの言葉を使えば「識別可能な（discernible）性質」）の対概念であって、後者は感官によって一目瞭然に知られる性質であり、これにたいして「隠れた性質」は感官によっては直接に知覚されず、現象ないし結果によってのみ知られる性質のことである（『岩波 哲学・思想事典』「隠れた性質」を参照）。この対概念は、「感官に現われてくる現象ないし結果」と「それを生みだす感覚不可能な原因」という対概念に容易に転換され、これがさらに劣化すると、「隠れた性質」は、モリエールの医学士におけるように、いかなる現象をも説明できる「万能の言葉」になってしまう。そして、バークリーに言わせれば、ロックの第一性質と第二性質は中世のこれら二つの性質の翻案でしかない。ロックによれば、色や音といった感官によって把握される第二性質（あるいは「唯名的本質（nominal essence）」）は、「感覚不可能な粒子」の形や運動といった第一性質（あるいは「実在的本質（real essence）」）によって生みだされることになっているからである。次節以下では、これとほぼ同じ構造の議論によってニュートンの引力が、さらに『運動について』（DM, §4-16）では、一般に「物理的力」が「隠れた性質」として批判されるが、しかし、バークリーの見解とは違って、ニュートンは引力を「隠れた性質」ではなく「明らかな性質」と見ていたようである。Dancy（p.212, n.117）が引用しているニュートンの『光学』には以下の記述がある。「これら〔重力等〕は明らかな性質であり、ただその原因だけが隠されているのである。アリストテレス主義者は、明らかな性質にでなく、物質の中に隠れて存在し明らかな結果の未知の原因であると仮定した性質にのみ、隠れた性質という名称をつけたのである。たとえば、重力、磁気的および電気的引力……は、その力あるいは作用が、われわれには未知で、発見もできず明らかにすることもできない性質から生じたとすれば、これらのものの原因が隠れた性質ということになろう」（『光学』島尾永康訳、岩波文庫、三五三頁）。

(186)「作用の仕方」：底本をはじめとしてほとんどの版で manner or action となっているが、Dancy ならびに Renouvier にしたがって manner *of* action と読む。

(187) つまり、地上への石の落下は、石と地球が互いに引きつけ合っているのではなく、石が上方から地球が下方から押され突かれていると見ることもできる。

(188)「なるほど（indeed)」：老婆心ながら付言するなら、これに対応する「しかしながら（but)」は第一〇六節の冒頭におかれている。

(189)「結果（effect)」：これが前節最後の文章のなかの「原因」の対語であることは言うまでもないが、*O.E.D.* によれば、effect には 3.a. an outward manifestation...an appearance, **phenomenon** の語義がある。ここでは、直前の「現象（phenomena)」の言い換えも兼ねているのだろう。注185を参照。『対話』(D. p.257) にも同じ用法がある。

(190)「法則（theorem)」：幾何学用語としては「定理」の訳語が定着しているが、バークリーはもっと広い意味（たとえば *O.E.D.* での 1. A universal or general proposition or statement) で使っており、適宜「法則」「命題」等々の訳語をあてた。注29を参照。

(191) この一文における but は、Dancy (p.213, n.121) が可能な読み方として指摘している except の意味に読む。またこの「支配的精神」が、次節での言葉を使えば「世界を統治する」神であることは言うまでもない。

(192) 底本によれば、目的因を否定した代表的な近代哲学者はデカルトである。「われわれは被造物の目的因ではなく、作用因を吟味すべきである」(『哲学原理』山田弘明他訳、ちくま学芸文庫、一四八頁)。ただし、ニュートンは目的因を排除していない。「たんなる機械的原因が〔月や惑星の運動ほどに〕多くの規則的な運動を生むことができただろうと考えてはならない。……このもっとも美しい体系は、知的で有能な存在者の賢慮と支配からのみ生じることができた。……そして神については以上のとおりである。事物の現象から神について論じることは、たしかに自然哲学に属している」（注11の前掲邦訳書、五六〇～五六四頁）。

(193) 初版ではこの後に以下の文章が続いていた。「それというのも、こうした考察は、精神にとってきわめて快適な楽しみであることが判明するのに加えて、たいへんな利点をももっているからである。なぜなら、それによってわれわれは神の属性を見いだすだけでなく、いろいろな事例において、事物の適切な使用や応用に導かれるからである」。

(194) ここで「証明する」がイタリックで強調されているのは、やはり厳密な意味で使われているからである。注143を参照。

(195)「諸現象から一般的規則を形成し」：初版では「第六六節等からも明らかなように、自然の着実で首尾一貫した秩序をその創造者の言語と呼ぶのは不適切なことではない。この言語によって創造者はわれわれにおのれの属性を見せてくれるのだし、人生の利便と幸福のためにいかに行為すべきかを指示してくれるからである。そして、諸現象から一般的規則を形成し」。

(196)「原因ではなく記号を考察していると思われる」：初版では「文法学者であり、彼らの学問は自然の文法であると思われる。言語を学ぶには、規則によるか実地によるかの二つの方法がある。人は自然の言語の文法を理解していなくとも、その言語に十分に精通していることがある」。

(197)「自然的記号（natural signs）」：自然現象のことであって、第六六節では「自然の創造者によって制定された記号」と言われていた。このバークリーの発想は歴史を遡ればストア派の semeion（徴候あるいは記号）の理論に行き着く。セクストスが『ピュロン哲学の概要』第二巻九七～一三三節でその概要を記述している。ストア派によれば、徴候には「思い起こさせる hypomnestikon）徴候」と「指し示す（endeiktikon）徴候」の二種類があって、バークリーに何らかのかたちで影響を与えた可能性があるのは「思い起こさせる徴候」である。その記述の部分を引用しておこう。「彼ら〔ストア派〕が思い起こさせる徴候と呼ぶものは、その当の徴候によって表示されているものをわれわれに思い起こさせるものである。すなわち、この徴候と徴候によって表示されているものはかつて一緒に明白に観察されたことがあるがゆえに、われわれが前者に出会うとすぐに、後者が隠されていても、前者は後者を、つまりかつて一緒に観察されたがいまは明白に現われていないものをわれわれに思い起こさせてくれるのである。煙と火の関係が、その例である」（一〇〇節）。「日常生活（bios）は思い起こさせる徴候を信頼している。なぜなら、煙を見る人は、それを火の徴候と思うだろうし、傷跡を見る人は、傷があったと言うからである」（一〇二節）。これらの引用はバークリーの第三一節でのプラグマティックな主張に直結するように思われるし、さらにヒュームの観念連合もこの路線上にあると見ていいだろう。カッシーラー『認識問題2-1』須田・宮武・村岡訳、みすず書房、三二一頁ならびに三四九頁の注二一をも参照。

(198)「賢明な人は」：初版では「この比較をもっと続けてみよう。賢明な人は」。

(199) この文章は初版では以下のようになっていた。「われわれが語っているたぐいのもっともすぐれた文法書が力学にかんするある論考であることは、誰もが容易に認めるところであろう。この論考〔で書かれていること〕を証明し自然に適用したのは、全世界が称賛する隣国のある哲学者である。私はこの非凡な人物の業績を論評するつもりはない。ただし、彼が主張したいくつかのことについては述べておきたい。その主張はこれまでのわれわれの学説に真っ向から逆らうので、もしそれにいささかでも言及しなければ、それほどに偉大な人物の権威へのしかるべき尊敬を欠くことになるだろう」。

ここでの「ある著名な論考」は、言うまでもなくニュートンの『自然哲学の数学的諸原理』である。『運動について』のかなりの部分（DM. §52-66）が、本節以下のニュートン批判と同趣旨の論述になっている。さらに、この一八世紀に起こった科学ブーム、ならびにニュートンの通俗的解説本の流布については、ヘンリー・ヒッチングズ『ジョンソン博士の『英語辞典』』田中京子訳、みすず書房、二二一～二二六頁を参照。

(200) 以下のバークリーの論述は、『自然哲学の数学的諸原理』の「定義への注解」（注11の前掲邦訳書、六三～七〇頁）のほぼ正確な要約である。

(201) これについては、以下の第一一四節での「船」の例を参照。

(202) この第五の特性は、ニュートンのいわゆるバケツ実験（bucket experiment）によって論証されたことになっている。以下の第一一四、一一五節でこれを前提した議論が展開されるので、以下に『自然哲学の数学的諸原理』から該当部分を引用しておこう。「絶対運動を相対運動と区別する効果は、円運動の回転軸から遠ざける力です。なぜなら、そのような力は、純粋に相対的な円運動では存在しませんが、真の絶対的な円運動では、その運動の運動量に従って大きくなったり小さくなったりするからです。長いひもでつるした容器を、そのひもが強くよじれるまで何回もまわし、次に容器に水を満たして、水とともに静止させておき、これに急に他の力を働かせると、容器は逆向きにまわり、ひものよじれが解けてしまうまでの間、ある時間容器はこの運動を続けます。このとき最初は、水の表面は、容器が動きはじめる前と同様、平面ですが、そのあと、容器はしだいにその運動を水に伝え、見てとれるほど水を回転させはじめ、しだいに水を中心から遠ざけ、容器の縁の水位が上昇し、水は中心のくぼんだ形をつくってゆきます。〔わたくしが実験したとおり――この補足は邦訳者河辺による〕この運動が速くなればなるほど、水は高く盛り上り、ついには水の回転が容器の回転と同じ時間で行なわれるようになり、水は容器に対し相対的に静止するにいたります。この水の盛り上りは、水がその運動の軸から遠ざかろうとするコーナートゥスを示すもので、そのようなコーナートゥスによって、水の真の絶対的な円運動が、その相対運動とは正反対の向きのものですが、認められ測られるわけです。最初、容器に対する水の相対運動が最大であった［これら二箇所の傍点の強調は宮武による］ときは、その運動は回転軸から遠ざかろうとするコーナートゥスをまったく生じませんでした。水は周辺に向かい容器の縁において盛り上がる傾向を示さず、水面は平らなままでした。ですから水の真の円運動はまだ始まらなかったわけです。しかしそのあと、水の相対運動が減ったときには、容器の縁における水の盛り上りが水の回転軸から遠ざかろうとするコーナートゥスを明らかにしました。そしてこのコーナートゥスは、水の真の円運動がたえず増大し、ついには、水が容器に関し相対的に静止したとき、それが最大になることを示したのでした。それゆえこのコーナートゥスは、水がまわりの物体に関して移動することに依存するものではなく、したがって真の円運動は、そのような移動によって規定することができません。回転する任意の物体の真の円運動はただひとつしかなく、固有の持続される効果として唯一のコーナートゥスに対応するものです」（注11の前掲邦訳書、六九～七〇頁）。要するに「円運動の回転軸から遠ざける力」「回転軸から遠ざかろうとするコーナートゥス」、すなわち「遠心力」が絶対運動の証左になるというわけである。この遠心力については『運動について』（DM. §60-62）でも再論されている。

(203) 初版では以下の文が続いていた。「他の人たちが運動を別様に考えられるかどうかは、少し注意してみれば彼らにも分かるだろう」。

(204) 第一一節の最後では、ニュートン力学において絶対運動を相対運動から区別する特性が列挙されていた。この節では、これらのうちの第三と第四の特性が取り上げられる。つまり、ニュートンは力が加わるか否かをその区別の指標としていたけれども、しかし相対運動もまた力が加わることによって生じると主張することで、ニュートンの区別が無効であることを論証しようとしている。

(205)「距離の変化を……そうした作用が付与されている」：初版では「複数の物体の距離あるいは位置における変化を引き起こす力が加えられている」。

(206)この文章の後に初版では、以下の文章が挿入されていた。「それにもかかわらず私はこのことに同意できない。なぜなら、われわれが耳にするところによれば」。

(207)初版ではこの後に以下の文章が続いていた。「私が言っているのは相対運動のことである。なぜなら、私は他の運動を考えることができないからである」。手稿ではこの後にさらに以下の文章が続いていた。「以下のことを注記しておくのは的外れではあるまい。つまり、二つの物体のあいだの距離が変化するのを知覚しても、運動を引き起こす力がどちらに加えられているのかを知覚できないがゆえに、これらの物体のうちのどちらに運動を帰していいのかが分からないことがときどきある」。

(208) Renouvier (p.81, n.1) も注記しているように、これがニュートン解釈としては無理があることは言うまでもない。ニュートンの空間は無限だからである。だが、バークリーの基本的なテーゼ、すなわち「存在するとは知覚されていることである」というテーゼに照らすなら、「限りが無い」ということは知覚しようがないのだから、無限は存在しないことになる。そして、感覚的知覚を認識の原基とするなら、ニュートンの絶対運動と称されているものにも、その運動を可能的な感官知覚によって確認するための「不動の壁」が必要になり、したがって世界は有限になるわけである。しかし、ニュートン力学の諸概念を批判するにあたって、こうした感覚可能な観念を論拠として持ち出せるかどうかはかなり疑わしい。彼の力学は、「数学的諸原理」を論じているのであって、これらの原理が感覚可能であるかどうかはまったく問題になっていない。むしろ、そうした概念や原理は操作概念あるいは作業仮説でしかないのであって、このことは、バークリー自身が『運動について』(DM, §17) で、引力は「数学的仮説」にすぎないと明言していることから明らかである。注121・229をも参照。

(209) この節末尾の遠心力にかんするバークリーの議論を補足しておこう。ニュートンはバケツが回転し始めるときには、水はバケツにたいして「最大の相対的な円運動」(注202におけるニュートンからの引用の強調部分を参照)をもっていたと考え、そして、このときにはまだ遠心力がはたらいていないから、相対運動には遠心力が「属さない」と推論していた。しかし、バークリーに言わせれば、この推論の大前提すなわち「最大の相対的運動」がそもそも間違いである。バケツのなかの水は地球にたいしては静止していたからである。次節の最後の文章を使えば、ニュートンは「動いていない事物を動いていると取り違え」たというわけである。さらに補うなら、ニュートン自身も認めているように、最大限に盛り上がった水は「容器に対し相対的に静止」(同じく注202の引用の強調部分参照)しているのであって、この静止を絶対運動とみなすのも、やはりこれと同じ「取り違え」でしかない。Cf. G/S, p.171.

(210)「それだけのことである」: 初版では以下のように書かれていた。「しかしだからといって、ある物体が他の物体からの距離を変えるという理由だけで、運動の普通の意味において当の物体が運動するということにはならない。なぜなら、われわれがこうした取り違えに陥らずに、運動させる力がその物体に伝えられていないのに気づくやいなや、われわれはもはやそれが動いているとは主張しないからである。他方、一つの物体(この物体の部分相互の最初の位置は保存されている)しか存在しないと想像されるとき、何か他の物体との距離ないし位置の変化がなくとも、この物体はありとあらゆる方向に動きうると考える人たちがいる。彼らの言わんとするところが、この物体には力が加えられているのであって、もし他の物体が創造されさえすれば、何らかの量と方向をもつ運動を生むだろうということでしかないならば、われわれは彼らの考えを否定しないだろう。しかし、（力が加えられていないのに、つまり、場所の変化を規定するための〔他の〕諸物体が存在する場合に、その変化を生みだす何らかの力がないのに）そうした単一の物体がじっさいに運動するということを、私は理解できないと言わねばならない」。Fraser と Renouvier は、この初版の文章を、「それだけのことである」の後に続けている。

(211) Dancy (p.215, n.134) によると、こう考えた人はロックである。「人びとが色そのものを見ることは証明するまでもないことだが、相異なる色の物体間の距離、あるいは同じ物体の部分間の距離を人びとが視覚によって知覚することもまた証明する必要がない」(E, 2.13.2)。

(212)「共有不可能な (incommunicable)」: Dancy (pp.215–216, n.137) によれば、Johnson 宛ての書簡にこの言葉が見られる。すなわち、ラフソン (Joseph Raphson) は「その著書 *De Spatio Reali* (1696) のなかで、神の共有不可能な属性を一五個も空間のなかに見いだすと言い張っている」(Berkeley to Johnson, March 24, 1730)。ここでの incommunicable は「神と被造物に共有されていない」という意味である。これについては *O.E.D.* の用例のなかの1672 Wilkins *Nat. Relig.* 104 Those are called **incommunicable** attributes, which are **proper to God alone**, and **not communicated to any creature**. を参照。

(213) 底本その他の版の編者たちがバークリーの論敵として挙げているのは、ホッブズ、ロック、ヘンリー・モア、ラフソン、クラーク、スピノザ、ニュートンである。近代における空間問題の神学的側面については、ハイムゼート「近代形而上学における空間をめぐる闘争」にまことに簡にして要を得た記述がある（ハイムゼート『カント哲学の形成と形而上学的基礎』須田・宮武訳、未來社、所収）。

(214) こうした「試み」でわれわれがすぐに思いつくのはピュタゴラス教団であるが、しかし、近代の数学的自然科学者たちもバークリーの念頭にあるのかもしれない。たとえば、ガリレオは『偽金鑑識官』でこう述べている。「哲学は、眼のまえにたえず開かれているこの最も巨大な書〔すなわち、宇宙――この補足は邦訳者山田・谷による〕のなかに、書かれているのです。しかし、まずその言語を理解し、そこに書かれている文字を解読することを学ばないかぎり、理解できません。その書は数学の言語で書かれており、その文字は三角形、円その他の幾何学図形であって、これらの手段がなければ、人間の力では、そのことばを理解できないのです」（『世界の名著21 ガリレオ』山田・谷訳、中央公論社、三〇八頁）。さらにより一般的な論究として、カッシーラー『シンボル形式の哲学［二］』木田元訳、岩波文庫、二七二頁以下の「神話的数と「聖なる数」の体系」を参照。

(215)「難解な些事（difficiles nugae）」：これについては、江戸時代に「無用の無用」と酷評された和算の難問奇問を念頭におくといいかもしれない。「今の算数に用の用あり。無用の用あり。無用の無用あり。……用の用は貿易、貰貸、斗斛、丈尺、城郭、天官、時日その他人事に益あるもの総て是なり。……無用の用は、題術及び異形の適等、無極の術の類これなり。これ人事の急にあらずと雖ども、講習すれば有用の佐助となる。……無用の無用は近時の算書を見るに、題中に点線相混じ、平立相入る。これ数に迷って、理に闇く、実を棄て、虚に走り、……已れの奇巧をあらはし、人に誇らんと欲するの具にして、実に世の長物なり」（藤田貞資『精要算法』。平山諦『和算の歴史』ちくま学芸文庫、一〇八頁から再引用）。さらに、上野健爾「和算から洋算へ」（京都大学図書館機構報『静脩』Vol.41, No.1, pp.5–6) を参照。なお、このラテン語はたとえば Martialis, Marcus Valerius (c.40–c.104), *Epigrammata*, Liber.II, LXXXVI (The Loeb Classical Library, vol.1, p.158) にも見られる。

(216)「量の数 (multitude)」: Dancy (p.216, n.139) に従って、この multitude には「量」と「数」の両方が含意されていると読む。

(217) 老婆心ながら、この節の理解を助けるために、G/S (pp.179–181) をも参照しながら、具体的な数字で例示しておこう。まずもっとも原初的な段階では、事物の数を数えるために、石や木の小片を数の代わりにする。五個のリンゴを五個の小石で置き換える、あるいは、地面に書くときには、五本の斜線や点を使う。こうした小片、斜線、点のおのおのは、数えられる事物の単位とみなされる。次に、こうした斜線等を一字で表わす工夫が現われる。たとえば、ローマ数字のⅤは、この一字だけで五本の線や五個の点の代わりになる。しかし、この表記法はまだ不便である。なぜなら、大きな数を表現するときには、その表記法がきわめて複雑になるからである。たとえば、わずか二桁の八八ですらLXXXVIIIとなる。そこで最後に、アラビア数字の表記法が採用される。ここにおいては、少数の記号が反復されることによって、そしてその記号のおのおのがどの位置にあるかによって、いかなる数も簡便に表記される。たとえば、八個の記号を使うLXXXVIIIを88と表記する場合、8が二度繰り返され、その位置が桁を表わすことによって、たった二個の記号で済んでしまう。おまけにこの表記には言語による表記が厳密に対応している、あるいは両者は厳密な平行関係にある。1には「いち」、2には「に」、3には「さん」、そして、桁の場合には二桁には「じゅう」が、三桁には「ひゃく」が対応する。そこで、たとえば123というアラビア数字は「ひゃくにじゅうさん」という言葉によって数を表記できることになる。この単一の数の値と桁の値の組み合わせによって、数の表記が容易になる。たとえば、数詞と数字を覚えたての児童でさえ、1, 2, 3, 4, 5, 6 という数がそれぞれ単独で手もとにあるとき、「ごせんろっぴゃくよんじゅういち」という言葉で示される数（これを「全体」としておこう）を表記するために、この全体を構成する部分としてどの数をどの位置におけばいいかは適切に判断できる。すなわち 5641 と表記できる。そして、どの記号をどの位置におけばいいのかが分かってしまうと、言葉で表現される数と記号で表現される数の配列の仕方はすべてまったく同じ規則あるいは対応関係にしたがっているから、配列された数字を言葉で読むことは容易になり、こうして事物の数が完璧に知られることになる。なぜなら、数える必要のある個物の数を知るということは、その数の言葉「ごせんろっぴゃくよんじゅういち」を知るということ、あるいは、この言葉との恒常的な対応・平行関係にしたがって事物に属する数字 5641 を知ることだからである。そうなるとわれわれは、もともと数えようとしていた事物がどれほど大量であっても、それらの事物を眼前におくことなしに、この数字という記号で計算するだけで、事物そのものを処理できるようになる。たとえば、2＋3＝x の加算によって二個と三個のリンゴを「ひとまとめにする」、10÷2＝x の除算によって一〇個のリンゴを五個ずつの二つのグループに「分割する」、1：2＝2：x の比例算によって六個のリンゴを二個と四個にして「分配する」。これらの数字がどれほど大きく複雑であっても事情は同じである。そしてこのようにできるのは、アラビア数字の導入によって、たとえば、三個、五個等のさまざまな量のリンゴの一個一個が計算の単位つまり 1 とみなされ、1 と表記されるなら、これらのリンゴの数はつねに 3, 5 etc. という数字で表記されるからである。

(218)「相対的なものと考えられた」：初版には欠けている。

(219) 以下の延長の無限分割にかんしては、物質の無限分割を論駁した第四七節、さらに時間のそれを論じた第九八節をも参照。

(220)「化体（transubstantiation)」：キリスト教用語で、パンとワインが完全にキリストの体と血に変化すること。全実体変化ともいう。異教徒が信じるのにもっとも困難を覚える教義として挙げられているのだろう。

(221)「抽象的で一般的な観念」：手稿では「抽象的な概念（abstract notions)」。

(222) 初版ではこの後に以下の文章が続いていた。「しかしわれわれは、もし必要とあれば、この後でしかるべきところでこれについて個別に論じることにしよう」。

(223) たった一インチの長さしかない線が一万もの部分を含むと誤解されることになる理由は、この節の最後まで続き、さらに次節でも叙述される。

(224) これについては「序論」第一二節を参照。さらに、「表示のはたらき（signification)」ならびに後出の「表示される（signified)」、「表示するもの（sign)」の言葉遣いについては、注26を参照。

(225)「つまり、このはたらきによって、……見分けられうる」：初版では以下のように書かれていた。「つまり、このはたらきによって、その線は自分よりも長い無数の線を代理する。そして、その線においては一万やそれ以上の部分は見分けられないにもかかわらず、こうした長い線〔たとえば次節の「一マイル」の線〕においてであれば、それらの部分は見分けられうる」。

(226)「比喩的な語り口（figure)」：この言葉の七行前にある「まるで〜であるかのように語る」（同じ言い方は第一二八節冒頭にも見られる）という直喩法の言い方のこと。Renouvier の仏訳（une figure de rhétorique）と Ueberweg の独訳（eine Redeweise）を参照した。

(227) この幾何学者の想定は、すでに無限分割を前提している。つまり、線のなかに含まれている部分はさらにまた分割され、それら分割される部分もまた分割されると想定されている。Richmond

(p.136) によれば、これはアリストテレスの潜在的（可能的）無限にあたる。つまり、無際限にいくらでも増大・加算されうるもののことである。たとえば、どの数についてもそれよりも多い数が考えられるから、数は潜在的に無限である。

(228) まことに筆不足の言い方で、老婆心ながら補足するなら、「その頂点が円の中心にある二等辺三角形の等辺はいずれも、その円の半径である」が前提されている。

(229) しかしながら、Dancy (p.216, n.144) が示唆するように、この一インチの線があらゆる線を代表し代理し表示しているのなら、一万の部分を含む線をも代表していなければならず、この一インチの線そのものにも一万の部分が含まれていなければならない。したがって、すでに注208で示唆しておいたことだが、ここでも数学的操作概念を感覚的知覚可能性のレベルで論じていいのかという問題が浮上する。

(230) 「アポステリオリ」については注85を参照。

(231) ニュートンやライプニッツを指している。Cf. Kulenkampff (S.114, Anm.36), Richmond (p.176, n.71), Ueberweg (S.145–146, Anm.109).

(232) 半分に分割される一インチの線は$\frac{1}{2}$と表記できるから、無限に分割される一インチの線の部分は$\frac{1}{\infty}$と表記できるだろう。これが第一位数 (first order) の無限小である。この無限小がそれ自体でまた無限に下位分割されるとすれば、一回目に下位分割される無限小すなわち第二位数 (second order) の無限小は、第一位数の無限小つまり$\frac{1}{\infty}$が∞で割られる（除される）商であるから、$\frac{1}{\infty} \div \infty = \frac{1}{\infty} \times \frac{1}{\infty}$すなわち$\frac{1}{\infty^2}$と表記できよう。これを無限に続けていけば、究極の無限小は$\frac{1}{\infty^\infty}$ということになる。ニュートンやライプニッツの微積分がこれによって不規則曲線や不規則図形を処理しようとしたことは言うまでもない。

(233) こう考えたのはオランダの数学者 Bernard Nieuwentijt である。Cf. G/S (p.192), Richmond (p.176, n.72), Kulenkampff (S.114, Anm.36).

(234)「なぜなら」から始まりこの節の最後まで続く文章はかなり補足しなければならないだろう。以下は、Dancy (p.216, n.146)、Renouvier の欄外訳注、Richmond (p.137) を参照した解釈である。

ここでの「他の人たち」の主張の眼目は、「第二位数以下の無限小は無である」という点にある。これを論証するために以下の思考実験が行われる。かりにその第二位数の無限小というのはゼロではなくて、どれほど小さくてもやはり「何らかの正の量」であるとしてみよう。これをバークリーは「何らかの正の延長量あるいは延長部分」と表現している。さて、これが「無限に増やされる」とするなら、このもとの量はゼロではないのだから、その総計は無限大になるはずである。しかし、第二位数で分割されることになっている第一位数のもとの部分は、「与えられている最小の延長」すなわち無限小である。しかるに、無限大になるはずのものが無限小であるというのは、「当然のことながら不合理」である。したがって、当初の想定、すなわち「第二位数の無限小が何らかの正の量である」という想定が誤りであり、ゆえにこの無限小はまったくの無である。そして、同じことは第三位数以下の無限小にもあてはまるだろう。

「しかしながら他方で」と書き継ぐことで、バークリーはこれら「他の人たち」の論証の不備を指摘する。つまり、「第二位数以下の無限小は無である」という主張を貫徹しようとするなら、今度は別の不合理が出来する。「他の人たち」の言うように、第一位数の無限小は「無」ではなく「ゼロではない量」だとしてみよう。バークリーはこれを「正の実数根」と表現している。「正」でなければならないのはもちろんであるが、「実数」でなければその積は負になることがあるからである。また、ここでの「根」とは、その本来の意味で使われている、つまり「ある数を何乗かした数に対するもとの数」（『大辞泉』）、たとえばn^2のnのことである（cf. Dancy, *ibid.*）。しかるに、この根はいまの前提では第一位数の無限小つまり$\frac{1}{\infty}$である。してみれば、これの二乗は$\frac{1}{\infty^2}$、三乗は$\frac{1}{\infty^3}$等々であることになり、これらはすべて「第二位数以下の無限小」であって、「他の人たち」の主張によれば「まったくの無」でしかない。しかし、正の実数根が「ゼロではない量」であるからには、その累乗の積もゼロではありえない。したがって、「ゼロではありえないものがまったくの無である」というのは、「無限大が無限小である」という先の不合理に劣らず、これまた不合理である。

(235)「せいぜいのところ与えられている最小の延長に等しい」：初版では「およそ与えられている最小の延長にさえ等しくならない」。初版 never が ever に書き換えられているものの、どちらの語句も「与えられている最小の延長を超えて無限大にはならない」という点では同じ趣旨である。

(236) Fraser によれば、初版ではこの後に以下の文章が続いていた。「そして、有限な延長が無限に分割可能であると想定しなくとも、どのようにして線や図形が測定され、それらの特性が探求されるかを示すことは」。ここで「線や図形」と書かれているものは、次節への注240での初版の文章を勘案すれば、微積分学で処理されることになっている不規則な線や図形のことかもしれない。

(237)「別の探究の主題であろう」：初版では「別のところでやるべき仕事であろう」。Fraser はこの「別のところ」を『人知原理論』の「第二部」ではないかと推測しているが、Renouvier は *The Analyst*（1734）を指示している。

(238) 草稿にはこの節がない。

(239)「感覚可能な最小量（minimum sensibile）」：『視覚新論』（NTV, §54, 62, 80, 82, 86）で使われていた「視覚可能な最小量（minimum visibile）」や「触覚可能な最小量（minimum tangibile）」を

一般化した表現であろう。

(240) 初版では以下の文章が続いていた。「数学者たちが流率とか微分学等々について何を考えようとも、ちょっと熟慮してみれば彼らにだって分かるように、こうした方法によって作業するにあたって彼らは、感官によって知覚可能なものよりも小さな線や面を考えたり想像したりしているのではない。なるほど彼らは、こうしたほとんど感覚不可能なほどの小さな量を無限小と呼ぶし、あるいは、そうしたいというのであれば、無限小の無限小と呼んでもかまわない。しかし、それらの小さな量はほんとうは有限である。また、問題の解決もこの有限量以外の量を要求しているわけではない。この点こそがじつは肝心である。しかし、これについては後にもっと明らかに論じることにしよう」。

(241) 「人びとの精神(the minds of spirits)」：Ueberweg と Kulenkampff は of を or の誤植と読んでいるようだが、これに類した表現が他にも見られるので、その読み方には無理があるだろう。この表現については、注52・60を参照。ちなみに Renouvier は、この語句を les esprits des êtres spirituels と訳している。

(242) 仮想論敵になっているのはロックである。第七七節を参照。

(243) 底本と Robinson は sensations *of* ideas of sense と表記しているが、おそらく誤植であろう。他の版はすべて sensations *or* ideas of sense となっている。

(244) この点は第一三九節で論じられる。

(245) ここと次行の「観念」は初版では「観念あるいは概念(notion)」。

(246) 手稿では以下の文が続いていた。「さらに、魂は部分から合成されていない、つまり、一つの純粋で単純で分割されていない存在者である。われわれが魂において能力や部分の区別と考えるものはすべて、観念にかんする魂のさまざまな作用やはたらきから出てくるにすぎない。したがって、魂が何らかの部分において知られ、あるいは再現されるが、しかし他の部分ではそうならないということ、あるいは、魂と不完全に似ている観念が存在するということは矛盾している」。

(247)「あるいは実体」は手稿にはない。

(248)「あるいは精神的実体」も手稿にはない。

(249)「しかし、あなたがたはこう言うだろう」は初版では以下のように書かれていた。「もし私が、私は無である、私は観念ないし概念であるなどと言おうものなら、これらふたつの発言のどちらか以上に不合理なものが何もないのは明白だろう。あなたがたはおそらくこう言い募るだろう」。

(250)この節全体は手稿では見開きの対向頁に追記や修正のために書かれている。

(251)「あるいはむしろ概念（or rather a notion）」は第二版で追記された。しかし、手稿では削除されている。

(252)しかし、この論点はそのまま「物質」という言葉にも適用できる。『対話』（D, pp.231-234）でのハイラスの反論はこの点にかかわる。Cf. Dancy（pp.56-58）.

(253)しかし、Dancy（p.217, n.151）も指摘しているように、観念間の類似を精神間の類似に直結させることができるのだろうか。両者はまったく異質だと何度も繰り返し主張されているからである。この重要な論点についてはさらに『対話』（D, p.232）を参照。Cf. Richmond（pp.141-143）.

(254)「魂の自然的不滅を主張する人びと」：初版では「魂の自然的不滅は、前述の学説の必然的帰結である。しかし、このことを論証する試みに先立って、この主張の意味を解明しておくのが適切であろう。魂の自然的不滅を主張する人びと」。G/S（p.204）では、この「人びと」としてライプニッツの名前が挙げられている。

(255) G/S (p.204) と Richmond (p.144) は、こうした「人びと」としてホッブズ (*Leviathan*, i.xii.7) を挙げている。

(256) 初版はここで終わっている。以下の文章からこの節の最後までは第二版の追記。この追記については、第八九節ならびに注162を参照。

(257)「隔離された (prescinded)」：この用語については、注17・180を参照。

(258) Dancy (p.217, n.154) と Clarke (p.143, n.44) によれば、こう「呼ぶ」のはホッブズである。ここから出てくる「誤謬」は、次のボールの例で明らかなように、意志の決定論であろう。

(259)「哲学者たちが……考察する」：初版では「哲学者たちが流布している偏見や語り口から立ち去り、沈思黙考しながら自分の言いたいことを注意深く考察する」。

(260) 初版ではこの後に以下の文章が続いていた。「しかし、この点にかんして持ち上がってくる難点は、本稿の意図におさまらない特別な探求を必要とする」。

(261)「これまで述べてきたことから……観念によるしかない」：手稿では以下のように書かれていた。「これまで述べてきたことから、他人の精神の存在はその作用の結果によってのみ知られうるということが帰結する」。

(262) この補足は G/S (p.210) を参照した。

(263)『新約聖書』「コリント人への第一の手紙」第一二章六節および「コロサイ人への手紙」第一章一七節。

(264)「即座に (immediately)」：これを「直接的に」と訳さなかったのは以下の理由による。第一四五節では、他の精神の存在を知ることは「直接的 (immediate) ではない」と言われていた。結果としての（他人の身体運動等の）観念を媒介にして、他人の精神の存在が知られることになっていたからである（第二七節をも参照）。そして、これに続く第一四六節では、この他人の精神の存在の論証と並行的に神の存在が論証されることになっていた。つまり、神の場合にも、結果としての観念の集合体たる世界の存在からその原因としての神が（宇宙論的証明や自然神学的証明において）推論されていた。したがって、この神の場合もまた、観念を媒介にしているからには、その神の知り方は「直接的ではない」。神を知ることがどれほど確実で明白であるかを主張するために immediately という言葉を使ったのであろうが、しかし、同じ言葉を、しかも近接している節で、否定かつ肯定しているのは誤解のもとである。こうした要らぬ誤解を避けるために、本書では別の訳語をあてておいたものの、やはり釈然としないものが残る。ひょっとしたらバークリーは後続の第一四九、一五一節での「親密に（intimately）」のつもりで書いたのかもしれない。大槻（二一八頁の注二四四）もこの点に注意を促しているが、その論旨は判然としない。

(265)『新約聖書』「ヘブル人への手紙」第一章三節。

(266)「目に見えない」：初版では「人類の大部分にとって目に見えない」。

(267)「神の本質の……を代理しているもの」：マールブランシュの「叡知的延長」のこと。彼の哲学への詳細な言及が『対話』（D. pp.213-215, 219-220）に見られる。

(268)「結果」：これが「現象」をも意味することについては注189を参照。

(269)『新約聖書』「使徒行伝」第一七章二七節。

(270) 初版ではこの後に以下の文章が続いていた。「なぜなら、ここから以下のことが帰結するからである。つまり、神の指は頑なで不注意な罪人にはまったく見えないので、罪人はこれをいいことにして、その不敬を頑なにし神を呪うまでに増長する。第五七節を参照」。

(271) 初版では「われわれが」の前に、「第二に」と書かれていた。

(272)「ある種の（a sort of)」：底本とRobinsonのみがa fort ofと記しているが誤植と読む。
(273)「見えなくなる」：初版では「少なくとも完全かつ直接には見えなくなる」。
(274)「無神論に陥っている」：初版では「半無神論（demy-atheism）に陥っている。彼らは神が存在しないと言うことはできないが、しかし、神が存在することを確信しているわけでもない。それというのも、罪人が増長してその不敬を頑なにするのを許すものは、神の存在と属性にかんして精神が陥る何か隠れた不信心、何かひそかな疑惑以外に何があるだろうか」。
(275)『旧約聖書』「箴言」第一五章三節。
(276)『旧約聖書』「創世記」第二八章一五〜二〇節。
(277)「そして」：初版では「最後に」。

訳者あとがきに代えて

バークリーは一六八五年、アイルランドの古都キルケニーで、ジェントリー階級の国教徒の息子として生まれた。地元で教育を受けたのち、一七〇〇年からダブリンのトリニティー・カレッジに学ぶ。一七〇七年に特別研究員（fellow）になり、一七〇九年、助祭に任じられた。この聖職は生涯続く。同年に処女作『視覚新論』を公表し、翌一七一〇年には本書『人知原理論』が公刊された。しかし、ここで展開された非物質論、すなわち外的物質の世界を否定する主張は冷笑と嘲笑をもって迎えられる。一七一三年、ロンドンに出たバークリーは主著を平明に書き直した『ハイラスとフィロナスの三つの対話』（以下『対話』と略記）を出版するが、奇をてらう学説との評価、さらには鬼面人を驚かす売名行為との悪評は変わらず、ある医者はバークリーを狂人扱いし、ただちに入院治療の必要ありと言った。[1] あるいは、年長の友人で『ガリヴァー旅行記』の作者ジョナサン・スウィフトは召使に、バークリーがノックしてもわざわざドアを開けなくてもいいと言いつけていた。バークリーの哲学によれば、ドアを通り抜けられるから、という理由である。[2] これはスウィフト流のジョークであろうが、しかし、一七五六年に『対話』の独訳がロストックで出版されたとき、それは『自己の身体ならびに物体世界全体の現実性を否定するもっとも有名な著者たちの論集』と題された書物のなかに、コリアーの『外界の非存在ないし不可能性を証明する普遍の鍵あるいは真理の新探究』(一七一三年)の独訳とともに収録されている。[3] ここから、後年になっても非物質論がどのように受け取られていたかをうかがうことができよう。その後バークリーはアメリカでの布教活動の拠点として大学を設立するバミューダ計画に参画し、一七二八年みずから渡米した。この計画は資金不足によって頓挫し、失意のうちに帰国する。一七三四年、祖国アイルランドのクロインの主教に任じられ、タール水を教区の貧民の救済活動に役立てようとするなど、聖職者としての活動が続く。一七五二年ロンドンに居を構えるが、翌年同地で没した。既述以外の主な著作としては、自然学では『運動について』(一七二一年)、自由思想批判の『アルシフロン』(一七三二年)、数学関係の『アナリスト』(一七三四年)そしてタール水を素材にして最晩年の形而上学を論じた『サイリス』(一七四四年)がある。[4]

『人知原理論』は、通し番号が付けられただけの総計一八一の節が切れ目なしに連続していて、全体の構成が俯瞰しづらくなっている。そこで、本書では目次の後に訳者がつくった詳細目次を掲載しておいたので、概略はそれによってお分かりいただけると思うが、老婆心ながら以下ではその順序にしたがって短いコメントを付しておこう。

「序論」は、もっぱらロックを標的にして抽象的観念を批判する。これは物質否定への布石である。抽象的観念の最たるものが「物質」の観念だからである。

初版では「第一部」(5)の文字で始まる本論は、おおまかに四章からなる。

第一章は非物質論の論証にあてられる。有名な「存在するとは知覚されることである」との非物質論のテーゼが掲げられた後で、ロックの第一性質と第二性質の区別が徹底的に批判される。これがこの部分の白眉であって、『対話』の「第一対話」のほとんどがこの部分の委細を尽くした懇切丁寧な論述になっている。次いで「物質的実体」の概念が批判されるが、この「実体」批判は精神的実体には及ばない。

第二章はこの精神的実体の論証にあてられ、最高の精神的実体としての神の存在証明が展開される。この「神」にまつわる問題点については、以下でふれることにしたい。

第三章は、予想される反論とそれへの答弁である。この章以外でもバークリーは随所で可能な反論を念頭におきながら文章を綴っているが、こうした論述方法は、デカルトの『省察』(一六四一年)に付された「反論と答弁」に典型的に見られ、さらにロックの『人間知性論』(一六九〇年)にも散見されるスタイルであって、おそらく中世の大学での「討論(disputatio)」の伝統を踏襲しているのだろう。『対話』の「第三対話」はこの部分を対話形式でさらに敷衍したものである。このなかでもとりわけ重要なのが第一反論であろう。物質否定ないし外界否定への反論としてはもっとも有力なものだからである。

第四章は非物質論の利点を列挙する。その冒頭におかれているのが、本書のフルタイトルにも掲げられた懐疑主義と無神論の論駁である。要点を記せば、かりに物質が精神のそとに自存するなら、それは最高の精神としての神のそとにも自存することになる。また、われわれのなかの観念とわれわれのそとの世界とのあいだに一致ないし対応が成り立たないという懐疑主義の主張は、精神のそとに自存する物質を前提する。したがって、この物質の自存を否定すれば、それは無神論と懐疑主義の両方を一挙に論駁することにもなるわけである。

自然学への一般的考察に続く詳細なニュートン批判は、後に『運動について』の主題になる。算術の議論では、「序論」での「一般的観念は個物の代理である」という主張が「数」に即して再確認され、幾何学の部分では当時ホットなテーマであった無限分割可能性が主題になる。第一四五節以下は、他人の精神と神の精神が論じられ、末尾近くではライプニッツ張りの弁神論が繰り広げられる。

本書でのバークリーの最大の功績は、カッシーラーの言葉を借りれば、「実体概念」から「関数概念」への転換であると思われる。彼の言葉で言えば、「物質」と「性質」(「物質的ないし物体的実体」と「属性ないし偶有性」)の対概念、現代風に言えば「実在」と「現象」の対概念のうち、前者を全面的に否定して、すべてをわれわれの感官に刻印される「観念」(性質あるいは現象)に還元し、これらの観念を「記号」や「印」と見立てて、それら相互の表示関係ですべてを説明しようとしたということになるだろう。とりわけ第三一、四三、四四、六五、六六、一〇八節等で示唆されているバークリーのこの発想は、近代自然科学が「現象」の法則性にのみ探求を限定して成功をおさめたことと見合っている。現象は、プラトニズムの伝統では感覚がとらえるにすぎないものとして、その感覚に与かる肉体とともに卑下され、さらには「仮象」と同一視されることもあった。バークリーがこの現象をわれわれに近づきうる唯一の世界として是認したのは、プラトニズムが支配的であった西欧哲学の歴史のなかでも特筆すべきことである。後にカントは主著『純粋理性批判』の「観念論論駁」でバークリーを「独断的観念論」の廉で非難したもの[6]の、しかしその直後の「すべての対象を現象と物自体に区別する根拠について」の章で「現象」を「真理の国」と呼び「仮象」と峻別するの[7]は、バークリーの現象主義を彫琢してのことであったとすら思われる。バークリー哲学のこの側面は、直後のヒュームの観念連合説に受け継がれ、さらには世紀を超えて、マッハの感覚要素一元論に直結すると言っても過言ではない。しかしながら、物質的実体が徹底的に排撃されたのとは裏腹に、先に言及したように、精神的実体は温存された。以下では、訳者の権限を踏み越えることになるかもしれないが、この主著における最高の精神的実体すなわち神にまつわる問題点を指摘しておきたい。

＊　＊　＊

聖職者バークリーが当時蔓延していた無神論あるいは自由思想に我慢がならなかったのは当然であろう。たとえば、デカルトの自然哲学における神とは、物体運動の第一原因でしかない。デカルトの物体は延長しかもたないから、みずから運動することはありえない。したがって物体運動の原因は、物体以外のものに求められねばならない。そこでデカルトは、世界を創造したさいに神が運動を与えたのだ、と考えた。こうした神が、伝統的なキリスト教の神とはかなり異質なものであることは、言うまでもない。だからこそ、デカルトのほぼ同時代人で、救済にかかわる神を信仰の対象にしたパスカルは激怒してこう言った。「私はデカルトを許せない。彼はその哲学すべてのなかで、できるなら神などなしにしたかったのだ。しかし、世界を運動させるために、世界を指ではじかせないわけにはいかなかった。その後では、神にさせることは何もないのだ」[8]。しかし、かりに運動の原因を物体そのもののうちに認めたら、神には存在の余地などまったくなくなるだろう。実際、そうした考えを公然と表明する人が出てきた。一八世紀末のマルキ・ド・サドである。「もしも運動が物質に固有のものであるとするならば、……〔天体運動といった〕こうした事どもに縁もゆかりもない一つの創造者というものを、いったいどうしてまた、ほかに探す必要があるだろうかね。つまりこのような活動力は、活動する物質にほかならない自然そのもののうちに、本質的に含まれているものなのだよ。あなた方の神とかいう絵空ごとで、果たして何事かを解き明かすことができますかね」[9]。バークリーが第一五四、一五五節で危惧したのは、後にサドが引き出してみせたこの無神論の帰結である。したがって、世界は運動するためにだけ、神に依存するのではなく、その存在のことごとくが神に依存していなくてはならない。そして、彼のテーゼはこのことを証明する、という。なぜなら、観念が存在するもののすべてであり、この観念を刻印したのが神であるとするなら、存在するもののすべて、つまり世界は神に依存するからである。

しかしながら、こうしたバークリーの護教論を除外してみるなら、神を持ち出すことによって彼の哲学には、少なくとも主著の範囲内では、少なからぬ齟齬が生じてくる。それを確認するために、まずヘレニズム時代に遡って、セクストス・エンペイリコスの文章を引くことから始めよう。

「懐疑主義者は適切にも、明らかでないもの〔＝真理〕を探し求める人を、暗闇で矢を射る人たちにたとえている。これらの人たちの一人が矢を的に射当てて他の人たちは的から外したが、いったい誰が射当てて誰が外したかを知ることができないということがありうる。ちょうどそれと同様に、深い暗闇に隠された真理にかんして、多くの論証が真理を射当てたと言い張っているものの、それらのうちどれがほんとうに真理を射当て、どれが外れているかを知ることは不可能である」[10]。この矢（論証）を「観念」に、的（真理）を「物質」に置き換えれば、これとほぼ同じ構造の議論が、ロックを攻撃したバークリーにも見られる。すなわち、「知覚される事物〔＝観念〕が知覚されない事物〔＝物質〕と一致しうるということ、つまりは、精神のそとに存在する事物と一致しうるということは、いかにして知られるというのだろうか」（第八六節）。だが、この物質を「神」に置き換えても、同じ議論が成り立たないだろうか。

この点を見届けるために、今度は二〇世紀まで降って、ウィトゲンシュタインを引き合いに出してみよう。「次の奇妙な可能性について考えてみよ。すなわち、これまでわれわれは、12×12 の掛け算をするたびにいつも計算間違いをしてきた。しかり、どうしてそうなるのかは分からないけれども、しかし事実そうなっている。それゆえ、われわれがそのように算出したものはすべて、虚偽である。――しかし、それがどうしたというのか。いっこうにかまわないではないか。してみれば、算術的命題の真偽にかんするわれわれの考え方には、どこか間違ったところがあるにちがいない[11]」。これは明らかにデカルトの悪霊仮説を意識した文章である。デカルトの場合には、われわれが正しいと思っている 2+3=5 はほんとうは 2+3=6 かもしれず、われわれの計算の答えは悪霊の欺瞞によるものかもしれないということになっていたが、ウィトゲンシュタインではその足し算が一二進法の掛け算表の最後に置き換えられているだけで、「虚偽である」の前までは思考の構造はまったく同じである。しかし、決定的に違うのはその後である。デカルトにとって、計算の答えが正しいということは、神の計算の答えと人間の計算の答えが一致していることを意味する。だからこそ彼は、神は悪霊ではないこと、神は嘘をつかず誠実であることを証明しなければならなかった。「算術的命題の真偽にかんするわれわれの考え方には、どこか間違ったところがある」のは、われわれがデカルトのように神の計算を想定するからである。

この事態を明確にしてくれるのは、ウィトゲンシュタインが同じ論考で使っている比喩である。「私がある薬を発明したとしよう。そして、「この薬を数カ月間服用すれば、どの人間も一カ月命を延ばし、飲まなければ一カ月早く死ぬだろう」と言うとしよう。〔しかし、反論者はこう言うだろう、〕「効いたのは本当にその薬だったのか、それとも薬なしでも同じだけ長く生きられたのかを、人は知ることができない」――この〔反論者の〕言い方は誤解を招かないだろうか。むしろ、次のように言うべきではなかろうか。つまり、「この薬について、それは命を延ばすと言うことは、この主張の検証が上述の仕方で排除されたからには、無意味である」と」[12]。この薬効を検証できないのと同様に、神の計算も検証できないからには、それは無意味としか言いようがないのではないか。そこで、また第八六節のロック批判に戻ってみよう。バークリーは「知覚されない事物」としてロックの物体を想定していた。だが、神もまた、少なくとも感官によっては「知覚されない」。東大寺二月堂の絶対秘仏と同様に、誰も見たことがないし、そもそも存在するかどうかも不明である。そうだとすれば、ウィトゲンシュタインが言うように、この神の想定は無意味でしかない。

この論点をもう少し掘り下げてみよう。バークリーが神を揚言したのには先述の護教論の動機があるのはすでに記したとおりだが、しかし、主著の内部にも神の想定につながる哲学的根拠が二つあると思われる。

ひとつは彼が物質にかんしては否定した「実体」の概念である。「延長、運動、そして一言で言えば、すべての感覚可能な性質は、それ自身で自存できないがゆえに、支えを必要とする。しかるに、感官によって知覚される対象は、これらの性質の組み合わせにほかならず、それゆえ、それ自身で自存できないということも認められている。ここまでは万人が一致するところである」(第九一節)。この万人のなかにはバークリー自身も含まれる。しかしそうなると、『対話』(D. L/J239ff.)で論敵のハイラスが言うように、この「支え」つまり「実体」を「物質と呼ぼうが精神と呼ぼうが、言葉の問題にすぎない」のではなかろうか。つまり、性質があるからには、それを支えるものが必要である、つまり、属性があるからには基体が、実体が存在すると考える点では、バークリーも物質論者も何の変わりもなく、一方はそれを精神とし、他方はそれを物質としているだけのことである。あるいは、言葉を換えて言えば、ロックがわれわれの観念の原型を物質(ないし物体)のなかにおいたとすれば、バークリーはそれを神の精神に移し替えただけではなかろうか。第八六節のロック批判は、そっくりそのままバークリーに跳ね返りかねない。

この予想される異論にたいして反論するかのように、彼はいま引用した第九一節の文章の直後でこう述べる。そして、それがもうひとつの哲学的根拠につながる。「〔われわれと物質論者のあいだに〕違いがあるとすれば、以下の点だけである。すなわち、われわれの見解によれば、感官によって知覚される〈思考しない存在者〉は知覚されることから区別されて存在することはまったくないのであって、したがって、あの延長しておらず不可分な実体のなかにしか存在できない、つまり能動的に作用し、思考し、そしてこれらの〈思考しない事物〉を知覚する精神のなかにしか存在できない。これにたいして、哲学者たちの広く流布した主張によれば、感覚可能な性質は不活発で延長した〈知覚しない実体〉のなかに存在し、彼らはこの実体を物質と呼んで、これに自然的自存を付与する」。すなわち、「能動的に作用する」精神とは、われわれの観念の「原因（cause）」となる神である（第一四六節）。「なるほど私は自分自身の思考を制御する力をもってはいるものの、しかし、この力がどれほどのものであれ、感官によって現に知覚されている観念は、思考のように私の意志に依存しているのではない。昼日中に目を開けるとき、私は見るか見ないかを選択するわけにはいかないし、私の視界にどんな個別的な対象が飛び込んでくるかを決める力ももっていない。聴覚や他の感官についても同様であって、感官に刻印される観念は私の意志の産物ではない。したがって、これらの観念を生みだす何らかの他の意志あるいは心が存在する」（第二九節）。私の観念という「結果」からその「原因」としての神を推論しているわけで、神の想定を支える第二の根拠は「因果性」の概念である。だが、この原因が悪霊ではないという保証はあるのだろうか。神がわれわれを欺いて「現在われわれが見ているのと同じ秩序で観念が……つねに生みだされうる」(第一八節)というデカルトの悪夢がよみがえらないだろうか。

それならいっそのこと、「実体」と「因果性」の概念はどちらもドグマとして放棄してはどうかと考えたくなる。ヒュームはおそらくそう考えた。まず観念(ヒュームでは「印象」)の原因について、彼は宗教への忖度などなしにこう言い切る。「感覚から生じる印象にかんして言えば、この印象の究極的原因は、私の考えでは、人間理性によっては完全に説明不可能である。これらの印象が対象〔=ロックの「物体」〕から直接に生じるのか、精神の創造的能力〔=想像力〕から生み出されるのか、あるいはわれわれの存在の創造者〔=神〕に由来するのかを確実に決定することは、いつまでたっても不可能なままであろう[13]」。そして、われわれの観念の原因としての神が否定されるなら、それに即応して、その観念の原型の「支え」としての神、すなわち精神的実体としての神も不要になる。さらには人間の精神、現代風に言うなら、われわれの自我も、もはやおのれの観念を「支え」る実体ではなく、「考えられないほどの速さで互いに継起し、絶え間なく流れては動いていくさまざまな知覚の束あるいは集合[14]」に還元される。してみれば、「天のことは天使と雀にまかせようではないか[15]」とのハイネの勧告に応じたくなる。そしてそうなれば、第一五二、一五三節のライプニッツも顔負けの気楽な弁神論など出てこないのではなかろうか。

＊　＊　＊

「翻訳は女に似ている。忠実なときには糠味噌くさく、美しいときには不実である」。米原万里はイタリア・ルネサンス期のこの比喩を手引きにして、翻訳を「貞淑な美女」「不実な美女」「貞淑な醜女」「不実な醜女」の四つの選択肢に分類している。[16] このうち最初の選択肢は少なくとも本書の訳者にとってはないものねだりに等しく、最後はもちろん翻訳としては失格を意味する。

本書でとりわけ留意したのは、標準的な現代日本語で読めるということである。とくに若い人たちにとって苦役でない読書になればと思い、いま市販されている国語辞典に載っていない言葉はできるだけ避けたつもりである。しかしながら、原義に即して訳そうとしたせいで、まことに生硬で無様な日本語を用いてしまったところもある。たとえば、precise にあてた「隔離された」がその最たるものであろう。現在のほとんどの英和辞典で第一義に掲げられている「正確な、精密な」では、およそバークリー（そしてロック）の意に沿わないと考えたからである。のみならず、見苦しいのは承知のうえで多数の原語を挿入したのもまた、バークリーの文章作成の意図を忠実に伝えようとの同じ意向によっている。これらの処理は翻訳者としては白旗を上げたも同然で、醜女と言われても甘受するしかない。美女にはなれないものの不実は避けたいとの思いから誤訳は避けたつもりだが、それでも多くの瑕疵があるに違いない。読者諸賢の叱責をお願いしたい。

訳者はカントから出発したものの、その定言命法の倫理学にとても納得できず（あるいは辟易し）、たまたま目にした懐疑主義関係の書物[17]によってヘレニズム期のピュロニズムに方向転換し、その歴史をポプキン等に導かれて近代にまで降って勉強していくうちに、これまたたまたまカッシーラーの『認識問題』（みすず書房、二〇〇〇〜二〇一三年）の訳業を引き受けることになった。そのなかのバークリーの部分を担当することになったのが、今回の訳業につながる発端である。そこで引用されている『対話』の明晰判明を絵に描いたような議論に魅了され、その訳業終了の後に中央大学文学部の学部生対象の演習テキストとして『対話』を採用した。その成果を文学部紀要に「バークリー『ハイラスとフィロナスの三つの対話』訳解」として二〇〇八年から四回に分けて連載した後に、二〇一〇年から二〇一二年にかけて今度は大学院の演習で『人知原理論』を精読し、これをもとに二〇一三年からやはりその成果を同じ紀要に「バークリー『人知原理論』訳解」として六回にわたって掲載した。この大学紀要が筑摩書房編集部の田所健太郎氏の目にとまり、氏からのお誘いによって、この紀要論考を改稿のうえ本書が読者の手に届くことになった。この機縁をつくっていただいた氏には感謝の言葉もない。また、授業に参加した受講生たち、そして転載を許可してくれた中央大学文学部にも謝意を表する。末筆ながら、半世紀もの長きにわたって苦楽をともにしてくれた妻の夫佐子に、感謝の念を込めて本書を献呈したい。

二〇一八年四月

宮武　昭

注

（1）Dancy, p.7, n.2.
（2）*Ibid.*, p.203, n.58.
（3）Cf. 底本 p.149, Fraser, pp.366–369.
（4）これらの著作をも視野に収めたバークリーの全体像を論じた文献としては、カッシーラー『認識問題』のバークリーの章（『認識問題2-1』須田・宮武・村岡訳、みすず書房、二五二〜三〇三頁）、ならびに、一ノ瀬正樹「バークリ」（『哲学の歴史6　知識・経験・啓蒙』中央公論社、一七一～二〇八頁）がある。

（5）この書き方からすると、これに続く部分が構想されていたようだし、じっさい「第二部」が書かれたらしい。ただし、その原稿は旅行中に紛失し、以後書き継がれることはなかった（大槻、二四三頁以下参照）。

（6）Kant, *Kritik der reinen Vernunft*, B274.

（7）*Ibid.*, A235, B294.

（8）パスカル『パンセ』、ブランシュヴィック版、断章七七。

（9）マルキ・ド・サド『閨房哲学』澁澤龍彦訳、角川文庫、四六頁。

（10）セクストス『論理学者論駁』第二巻三二五節。

（11）Ludwig Wittgenstein, 'Ursache und Wirkung', in *Philosophia* (Israel), vol.6, nos.3-4, 1976, S.403, 1937/10/20.

（12）*Ibid.*, S.406, 1937/9/28.

（13）Hume, *A Treatise of Human Nature*, Selby-Bigge, Second Edition, ed. P.H. Nidditch, 1978, p.84.

（14）*Ibid.*, p.252.

（15）H. Heine, *Deutschland* (Caput 1). ここでの「天（Himmel）」は「あの世」と「空」の掛け言葉である。

（16）米原万里『不実な美女か貞淑な醜女（ブス）か』新潮文庫、一四六頁以下。

（17）Christoph Wild, *Philosophische Skepsis*, Hain, 1980.

本書は、二〇一三年から二〇一八年にかけて『紀要』（中央大学文学部、哲学科）に掲載された「バークリー『人知原理論』訳解」（全六回）に、大幅な改訂を施したものである。

暗い時代の人々

ハンナ・アレント
阿部齊訳

自由が著しく損なわれた時代を自らの意思に従い行動し、生きた人々。政治・芸術・哲学への鋭い示唆を含み描かれる普遍的人間論。（村井洋）

責任と判断

ハンナ・アレント
ジェローム・コーン編
中山元訳

思想家ハンナ・アレント後期の未刊行論文集。人間の責任の意味と判断の能力を考察し、考える能力の喪失により生まれる〈凡庸な悪〉を明らかにする。

政治の約束

ハンナ・アレント
ジェローム・コーン編
高橋勇夫訳

われわれにとって「自由」とは何であるのか——。政治思想の起源から到達点までを描き、政治的経験の意味に根底から迫った、アレント思想の精髄。

プリズメン

Th・W・アドルノ
渡辺祐邦／三原弟平訳

「アウシュヴィッツ以後、詩を書くことは野蛮である」。果てしなく進行する大衆の従順化と、絶対的物象化の時代における文化批判のあり方を問う。

哲学について

ルイ・アルチュセール
今村仁司訳

カトリシズムの救済の理念とマルクス主義の解放の思想との統合をめざしフランス現代思想を領導した孤高の哲学者。その到達点を示す歴史的文献。

スタンツェ

ジョルジョ・アガンベン
岡田温司訳

西洋文化の豊饒なイメージの宝庫を自在に横切り、愛・言葉そして喪失の想像力が表象に与えた役割をたどる。21世紀を牽引する哲学者の博覧強記。

アタリ文明論講義

ジャック・アタリ
林昌宏訳

歴史を動かすのは先を読む力だ。混迷を深める現代文明の行く末を見通し対処するにはどうすればよいのか。「欧州の知性」が危難の時代を読み解く。

プラトンに関する十一章

アラン
森進一訳

『幸福論』が広く静かに読み継がれているモラリスト、アラン。卓越した哲学教師でもあった彼が平易かつ明快にプラトン哲学の精髄を説いた名著。

コンヴィヴィアリティのための道具

イヴァン・イリイチ
渡辺京二／渡辺梨佐訳

破滅に向かう現代文明の大転換はまだ可能だ！　人間本来の自由と創造性が最大限活かされる社会をどう作るか。イリイチが遺した不朽のマニフェスト。

ちくま学芸文庫

人知原理論（じんちげんりろん）

二〇一八年八月十日　第一刷発行

著　者　ジョージ・バークリー

訳　者　宮武昭（みやたけ・あきら）

発行者　喜入冬子

発行所　株式会社　筑摩書房

東京都台東区蔵前二―五―三　〒一一一―八七五五

振替〇〇一六〇―八―四一二三

装幀者　安野光雅

印刷所　三松堂印刷株式会社

製本所　三松堂印刷株式会社

乱丁・落丁本の場合は、左記宛にご送付下さい。

送料小社負担でお取り替えいたします。

ご注文・お問い合わせも左記へお願いします。

筑摩書房サービスセンター

埼玉県さいたま市北区櫛引町二―六〇四　〒三三一―八五〇七

電話番号　〇四八―六五一―〇〇五三

ISBN978-4-480-09879-5　C0110